Friedrich Hebbel
Maria Magdalena

Ein bürgerliches Trauerspiel in drei Akten

Mit einem Kommentar
von Florian Radvan

Suhrkamp

Der vorliegende Text folgt der Ausgabe:
Der Kanon. Die deutsche Literatur – Dramen.
Herausgegeben von Marcel Reich-Ranicki. Frankfurt am Main:
Insel Verlag 2004, S. 659–721.

Originalausgabe
Suhrkamp BasisBibliothek 74
Erste Auflage 2006

Satz: pagina GmbH, Tübingen
Druck: Ebner & Spiegel, Ulm
Umschlagabbildung: akg-images
Umschlaggestaltung: Regina Göllner und Hermann Michels
Printed in Germany

ISBN 3-518-18874-7

1 2 3 4 5 6 – 11 10 09 08 07 06

Inhalt

Friedrich Hebbel
⌜Maria Magdalena⌝
Ein ⌜bürgerliches Trauerspiel⌝
in drei Akten

⌜SR. MAJESTÄT, DEM
KÖNIG CHRISTIAN DEM ACHTEN
VON DÄNEMARK
in tiefster Ehrfurcht gewidmet.⌝

5   Dem Dichter ist es an- und eingeboren,
    Daß er sich lange in sich selbst versenkt,
    Und, in das innre Labyrinth verloren,
    Des äußeren der Welt erst spät gedenkt;
    Und dennoch hat ihn die Natur erkoren,
10 Zu zeigen, wie sich dies mit dem verschränkt,
    Und es in klarem Bilde darzustellen,
    Wie beide sich ergänzen und erhellen.

    Denn nicht, wie wohl ein irdscher Künstler, spielend.
    Wenn er zurück von seiner Tafel trat,
15 Dem Lieblingskind, das, lüstern darnach schielend,
    Schon längst ihn still um seinen Griffel bat,
    Ihn freundlich darreicht, auf nichts andres zielend,
    Als daß es, träumend von gewaltger Tat,
    Sein Meisterstück in toten, groben Zügen
20 Nachbilde, wie es kann, sich zu vergnügen;

    Nur, weil sie selbst, ins einzelste zerfließend,
    Sich endlich auch doch konzentrieren muß,
    Und, in dem Teil als Ganzes sich genießend,
    Den Anfang wiederfinden in dem Schluß,
25 Der, sich mit der Idee zusammenschließend,
    Ihr erst verschafft den höchsten Selbstgenuß,
    Den alle untern Stufen ihr verneinen:
    Rein, ganz und unverworren zu erscheinen;

    Nur darum hat sie, statt ihn zu zerbrechen,
30 Dem Menschen ihren Zauberstab vertraut,
    Als sie, bereit, ihr »Es ist gut!« zu sprechen,

Zum letztenmal das Weltall überschaut,
Und dieser stellt nun, das Gesetz zu rächen
Am plumpen Stoff, dem ewig davor graut,
In den geschloßnen ersten Kreis den zweiten,
Wo sie nur noch harmonisch sich bestreiten.   5

Und, anfangs schauernd vor der hohen Gabe,
Wird sich der fromme Künstler bald bewußt,
Daß er zum Dank sich selbst zu opfern habe,
Und steigt nun tief hinab in seine Brust;
Er fragt nicht, ob ihn auch die Nacht begrabe,   10
Er geht, so weit er kann, in banger Lust,
Und führt sein Narr im Wappen die Versöhnung,
Er hofft nur kaum auf sie, wie auf die Krönung!

Doch wenn er lange so den roten Faden
Aus sich hervorspinnt, der ihn führen kann,   15
So wird er plötzlich durch den Geist geladen:
Nun lege ihn in der Geschichte an!
Dies ist ein wahrer Ruf von Gottes Gnaden,
Und wer nicht folgt, der zeigt, daß er zerrann!
Ich habe vorlängst diesen Ruf vernommen,   20
Da hab ich nicht gesäumt, ich bin gekommen.

Und wie mein Blick sich lenkte in das Weite,
War mir auch flugs die Sehnsucht eingeflößt,
Die äußre Welt zu schaun in ihrer Breite,
Allein der Mittel sah ich mich entblößt.   25
Doch gleich stand mir ein Genius zur Seite,
Und von der Scholle ward mein Fuß gelöst,
Und was dies hieß, das kann ich jetzt erst wägen,
Wo sich zur Frucht verdichten will der Segen.

Du warst es, Herr und Fürst! Laß dirs gefallen,   30
Daß ich zum Danke jetzt dies kleine Bild,

Vielleicht das einfach-schlichteste von allen,
Worin sich mir das Weltgeschick enthüllt,
Dir bringe, und, wenn sichs für Königshallen
Auch schlecht nur eignet, sei ihm dennoch mild!
5 Es ist des neuen Frühlings erstes Zeichen,
Und als das e r s t e durfte ich's dir reichen!

Personen

MEISTER ANTON *ein Tischler*
SEINE FRAU
KLARA *seine Tochter*
KARL *sein Sohn*   5
LEONHARD
EIN SEKRETÄR
WOLFRAM *ein Kaufmann*
ADAM *ein Gerichtsdiener*
EIN ZWEITER GERICHTSDIENER   10
EIN KNABE
EINE MAGD

Ort: eine mittlere Stadt.

Erster Akt

Zimmer im Hause des Tischlermeisters

Erste Szene

Klara. Die Mutter.

5 KLARA Dein Hochzeitskleid? Ei, wie es dir steht! Es ist, als
ob's zu heut gemacht wäre!

MUTTER Ja, Kind, die Mode läuft so lange vorwärts, bis sie
nicht weiter kann und umkehren muß. Dies Kleid war
schon zehnmal aus der Mode und kam immer wieder

10 hinein.

KLARA Diesmal doch nicht ganz, liebe Mutter! Die Ärmel
sind zu weit. Es muß dich nicht verdrießen!

MUTTER *lächelnd:* Dann müßt ich du sein!

KLARA So hast du also ausgesehen! Aber einen Kranz

15 trugst du doch auch, nicht wahr?

MUTTER Will's hoffen! Wozu hätt ich sonst den ⌐Myrten-
baum⌐ jahrelang im Scherben* gepflegt!   Blumentopf

KLARA Ich hab dich so oft gebeten, und du hast es nie
angezogen, du sagtest immer: Mein ⌐Brautkleid ist's

20 nicht mehr, es ist nun mein Leichenkleid⌐, und damit soll
man nicht spielen. Ich mocht es zuletzt gar nicht mehr
sehen, weil es mich, wenn es so weiß da hing, immer an
deinen Tod und an den Tag erinnerte, wo die alten Wei-   Leichenfrauen,
ber* es dir über den Kopf ziehen würden. – Warum denn   Totenwäsche-
                                                          rinnen
25 heut?

MUTTER Wenn man so schwer krank liegt wie ich und
nicht weiß, ob man wieder gesund wird, da geht einem
gar manches im Kopf herum. Der Tod ist schrecklicher,
als man glaubt, oh, er ist bitter! Er verdüstert die Welt, er

30 bläst all die Lichter, eins nach dem andern, aus, die so

bunt und lustig um uns her schimmern, die freundlichen Augen des Mannes und der Kinder hören zu leuchten auf, und es wird finster allenthalben, aber im Herzen zündet er ein Licht an, da wird's hell, und man sieht viel, sehr viel, was man nicht sehen mag. Ich bin mir eben 5 nichts Böses bewußt, ich bin auf Gottes Wegen gegangen, ich habe im Hause geschafft, was ich konnte, ich habe dich und deinen Bruder ⌜in der Furcht des Herrn⌝ aufgezogen und den sauren Schweiß* eures Vaters zusammengehalten, ich habe aber immer auch einen Pfen- 10 ning* für die Armen zu erübrigen gewußt, und wenn ich zuweilen einen abwies, weil ich gerade verdrießlich war, oder weil zu viele kamen, so war es kein Unglück für ihn, denn ich rief ihn gewiß wiederum und gab ihm doppelt. Ach, was ist das alles! Man zittert doch vor der letzten 15 Stunde, wenn sie hereindroht, man krümmt sich wie ein Wurm, man fleht zu Gott ums Leben, wie ein Diener den Herrn anfleht, die schlecht gemachte Arbeit noch einmal verrichten zu dürfen, um am ⌜Lohntag⌝ nicht zu kurz zu kommen. 20

KLARA Hör davon auf, liebe Mutter, dich greift's an!

MUTTER Nein, Kind, mir tut's wohl! Steh ich denn nicht gesund und kräftig wieder da? Hat der Herr mich nicht bloß gerufen, damit ich erkennen möchte, daß mein Feierkleid noch nicht fleckenlos und rein ist, und hat er 25 mich nicht an der Pforte des Grabes wieder umkehren lassen und mir Frist gegeben, mich zu schmücken für die ⌜himmlische Hochzeit⌝? So gnadenvoll war er gegen jene ⌜sieben Jungfrauen im Evangelium⌝, das du mir gestern abend vorlesen mußtest, nicht! Darum habe ich heute, 30 da ich zum ⌜heiligen Abendmahl⌝ gehe, dies Gewand angelegt. Ich trug es den Tag, wo ich die frömmsten und besten Vorsätze meines Lebens faßte. Es soll mich an die mahnen, die ich noch nicht gehalten habe!

KLARA Du sprichst noch immer wie in deiner Krankheit! 35

mit harter Arbeit verdienter, karger Lohn

Pfennig (ugs.)

Zweite Szene

KARL *tritt auf:* Guten Morgen, Mutter! Nun, Klara, möchtest du mich leiden, wenn ich nicht dein Bruder wäre?

KLARA Eine goldene Kette? Woher hast du die?

5 KARL Wofür schwitz ich? Warum arbeit ich abends zwei Stunden länger als die anderen? Du bist impertinent*! — frech, unverschämt

MUTTER Zank am Sonntagmorgen? Schäme dich, Karl!

KARL Mutter, hast du nicht einen Gulden* für mich? — Goldstück (alte Münzeinheit)

MUTTER Ich habe kein Geld, als was zur Haushaltung ge-
10 hört.

KARL Gib nur immer davon her! Ich will nicht murren, wenn du die Eierkuchen vierzehn Tage lang etwas magerer bäckst. So hast du's schon oft gemacht! Ich weiß das wohl! Als für Klaras weißes Kleid gespart wurde, da
15 kam monatelang nichts Leckeres auf den Tisch. Ich drückte die Augen zu, aber ich wußte recht gut, daß ein — Festliche Kopfbedeckung
neuer Kopfputz* oder ein anderes Fahnenstück* auf dem
Wege war. Laß mich denn auch einmal davon profitie- — Kleidungsstück
ren!

20 MUTTER Du bist unverschämt!

KARL Ich hab nur keine Zeit, sonst... *Er will gehen.*

MUTTER Wohin gehst du?

KARL Ich will's dir nicht sagen, dann kannst du, wenn der alte Brummbär nach mir fragt, ohne rot zu werden, ant-
25 worten, daß du's nicht weißt. Übrigens brauch ich deinen Gulden gar nicht, es ist das beste, daß nicht alles Wasser aus einem Brunnen geschöpft werden soll. *Für sich* Hier im Hause glauben sie von mir ja doch immer das Schlimmste; wie sollt es mich nicht freuen, sie in der
30 Angst zu erhalten? Warum sollt ich's sagen, daß ich, da ich den Gulden nicht bekomme, ⌐nun schon in die Kirche gehen muß¬, wenn mir nicht ein Bekannter aus der Verlegenheit hilft? *Ab.*

Dritte Szene

KLARA Was soll das heißen?

MUTTER Ach, er macht mir Herzeleid! Ja, ja, der Vater hat
recht, das sind die Folgen! So allerliebst, wie er als klei-
ner Lockenkopf um das Stück Zucker bat, so trotzig   5
fordert er jetzt den Gulden! Ob er den Gulden wirklich
nicht fordern würde, wenn ich ihm das Stück Zucker
abgeschlagen hätte? Das peinigt mich oft! Und ich
glaube, er liebt mich nicht einmal. Hast du ihn ein ein-
ziges Mal weinen sehen während meiner Krankheit?   10

KLARA Ich sah ihn ja nur selten, fast nicht anders als bei
Tisch. Mehr Appetit hatte er als ich!

MUTTER *schnell:* Das war natürlich, er mußte die schwere
Arbeit verrichten.

KLARA Freilich! Und wie die Männer sind! Die schämen   15
sich ihrer Tränen mehr als ihrer Sünden! Eine geballte
Faust, warum die nicht zeigen, aber ein weinendes
Auge? Auch der Vater! Schluchzte er nicht den Nach-
mittag, wo dir ⌜zur Ader gelassen⌝ wurde und kein Blut
kommen wollte, an seiner Hobelbank, daß mir's durch   20
die Seele ging! Aber als ich nun zu ihm trat und ihm über
die Backen strich, was sagte er? Versuch doch, ob du mir

Holzsplitter den verfluchten Span* nicht aus dem Auge herausbrin-
gen kannst, man hat so viel zu tun und kommt nicht vom
Fleck!   25

MUTTER *lächelnd:* Ja, ja! Ich sehe den Leonhard ja gar
nicht mehr. Wie kommt das?

KLARA Mag er wegbleiben!

Unterstellung MUTTER Ich will nicht hoffen, daß du ihn anderswo siehst
als hier im Hause!   30

KLARA Bleib ich etwa zu lange weg, wenn ich abends zum
Brunnen gehe, daß du Grund zum Verdacht hast?

MUTTER Nein, das nicht! Aber nur darum hab ich ihm Er-
laubnis gegeben, daß er zu uns kommen darf, damit er

dir nicht bei Nebel und Nacht aufpassen soll. Das hat
meine Mutter auch nicht gelitten*!

KLARA Ich seh ihn nicht!

MUTTER Schmollt ihr miteinander? Ich mag ihn sonst wohl
5 leiden, er ist so gesetzt! Wenn er nur erst etwas wäre! Zu
meiner Zeit hätt er nicht lange warten dürfen, da rissen
die Herren sich um einen geschickten ⌜Schreiber⌝ wie die
Lahmen um die Krücke, denn sie waren selten. Auch wir
geringeren Leute konnten ihn brauchen. Heute setzte er
10 dem Sohn einen Neujahrswunsch für den Vater auf und
erhielt allein für den vergoldeten Anfangsbuchstaben so
viel, daß man einem Kinde eine Docke* dafür hätte kaufen können. Morgen gab ihm der Vater einen Wink und
ließ sich den Wunsch vorlesen, heimlich, bei verschlos-
15 senen Türen, um nicht überrascht zu werden und die
Unwissenheit aufgedeckt zu sehen. Das gab doppelte
Bezahlung. Da waren die Schreiber obenauf und mach-
ten das Bier teuer*. Jetzt ist's anders, jetzt müssen ⌜wir
Alten, die wir uns nicht aufs Lesen und Schreiben ver-
20 stehen⌝, uns von neunjährigen Buben ausspotten lassen!
Die Welt wird immer klüger, vielleicht kommt noch einmal die Zeit, wo einer sich schämen muß, wenn er nicht
auf dem Seil tanzen kann!

KLARA Es läutet!

25 MUTTER Nun, Kind, ich will für dich beten! Und was deinen Leonhard betrifft, so liebe ihn, wie er Gott liebt,
nicht mehr, nicht weniger. So sprach meine alte Mutter
zu mir, als sie aus der Welt ging und mir den Segen gab,
ich habe ihn lange genug behalten, hier hast du ihn wie-
30 der!

KLARA *reicht ihr einen Strauß:* Da!

MUTTER Der kommt gewiß von Karl!

KLARA *nickt; dann beiseite:* Ich wollt, es wäre so! Was ihr
eine rechte Freude machen soll, das muß von ihm kom-
35 men!

Puppe

steigerten
die Preise

öft
Druck
aus,
Liebe
wird
als
Pflicht
begriffen

MUTTER Oh, er ist gut und hat mich lieb! *Ab.*

⌜KLARA *sieht ihr durchs Fenster nach*⌝: Da geht sie! Dreimal träumt ich, sie läge im Sarg, und nun – o die bos-
haften Träume, sie kleiden sich in unsere Furcht, um
unsre Hoffnung zu erschrecken! Ich will mich niemals   5
wieder an einen Traum kehren, ich will mich über einen
guten nicht wieder freuen, damit ich mich über den bösen, der ihm folgt, nicht wieder zu ängstigen brauche!
Wie sie fest und sicher ausschreitet! Schon ist sie dem

Friedhof   Kirchhof* nah – ⌜wer wohl der erste ist, der ihr begeg-   10
net⌝? Es soll nichts bedeuten, nein, ich meine nur ...
Erschrocken zusammenfahrend Der Totengräber! Er
hat eben ein Grab gemacht und steigt daraus hervor, sie
grüßt ihn und blickt lächelnd in die düstre Grube hinab,
nun wirft sie den Blumenstrauß hinunter und tritt in die   15
Kirche. *Man hört einen Choral.* Sie singen: ⌜Nun danket
alle Gott⌝! *Sie faltet die Hände.* Ja! Ja! Wenn meine Mutter gestorben wäre, nie wär ich wieder ruhig geworden,
denn ... *Mit einem Blick gen Himmel* Aber du bist gnädig, du bist barmherzig! Ich wollt, ich hätt einen Glau-   20
ben wie die Katholischen, daß ich dir etwas schenken
dürfte! Meine ganze Sparbüchse wollt ich leeren und dir
⌜ein schönes vergoldetes Herz kaufen und es mit Rosen
umwinden⌝. Unser Pfarrer sagt, ⌜vor dir seien die Opfer
nichts⌝, denn alles sei dein, und man müßte dir das, was   25
du schon hast, nicht erst geben wollen! Aber alles, was
im Hause ist, gehört meinem Vater doch auch, und dennoch sieht er's gar gern, wenn ich ihm für sein eigenes
Geld ein Tuch kaufe und es sauber sticke und ihm zum
Geburtstag auf den Teller lege. Ja, er tut mir die Ehre an   30
und trägt's nur an den höchsten Feiertagen, zu Weih-
nacht oder zu Pfingsten! Einmal sah ich ein ganz kleines
katholisches Mädchen, ⌜das seine Kirschen zum Altar
trug⌝. Wie gefiel mir das! Es waren die ersten im Jahr, die
das Kind bekam, ich sah, wie es brannte, sie zu essen!   35

Dennoch bekämpfte es seine unschuldige Begierde, es warf sie, um nur der Versuchung ein Ende zu machen, rasch hin, der Meßpfaff*, der eben den Kelch erhob, schaute finster drein, und das Kind eilte erschreckt von
5 dannen, aber die Maria über dem Altar lächelte so mild, als wünschte sie aus ihrem Rahmen herauszutreten, um dem Kind nachzueilen und es zu küssen. Ich tat's für sie! Da kommt Leonhard! Ach!

Bezeichnung für Priester, der die Messe hält (abfällig)

Vierte Szene

10 LEONHARD *vor der Tür:* Angezogen?

KLARA Warum so zart, so rücksichtsvoll? Ich bin noch immer keine Prinzessin.

LEONHARD *tritt ein:* Ich glaubte, du wärst nicht allein! Im Vorübergehen kam es mir vor, als ob Nachbars Bärb-
15 chen am Fenster stände!

KLARA Also darum!

LEONHARD Du bist immer verdrießlich! Man kann vierzehn Tage weggeblieben sein, Regen und Sonnenschein können sich am Himmel zehnmal abgelöst haben, in
20 deinem Gesicht steht, wenn man endlich wiederkommt, immer noch die alte Wolke!

KLARA Es gab andere Zeiten!

LEONHARD Wahrhaftig! Hättest du immer ausgesehen wie jetzt, wir wären niemals gut Freund geworden!

25 KLARA Was lag daran!

LEONHARD So frei fühlst du dich von mir? Mir kann's recht sein! Dann – *mit Beziehung* – hat dein ⌈Zahnweh⌉ von neulich nichts zu bedeuten gehabt!

KLARA O Leonhard, es war nicht recht von dir!

30 LEONHARD Nicht recht, daß ich mein höchstes Gut, denn das bist du, auch durch das letzte Band* an mich fest zu knüpfen suchte? Und in dem Augenblick, wo ich in Ge-

Vollkommene (sexuelle) Hingabe

fahr stand, es zu verlieren? Meinst du, ich sah die stillen
Blicke nicht, die du mit dem Sekretär wechseltest? Das
war ein schöner Freudentag für mich! Ich führe dich
zum Tanz, und ...

KLARA Du hörst nicht auf, mich zu kränken! Ich sah den 5
Sekretär an, warum sollt ich's leugnen? Aber nur wegen
des Schnurrbarts, den er sich auf der Akademie hat
wachsen lassen, und der ihm ... *Sie hält inne.*

LEONHARD So gut steht, nicht wahr? Das wolltest du doch
sagen? O ihr Weiber! Euch gefällt das ⌜Soldatenzeichen⌝ 10
noch in der ärgsten Karikatur*! Mir kam das kleine, lä-
cherlich runde Gesicht des Gecken* – ich bin erbittert
auf ihn, ich verhehle es nicht, er hat mir lange genug bei
dir im Wege gestanden – mit dem Walde von Haaren, der
es in der Mitte durchschneidet, wie ein weißes Kanin- 15
chen vor, das sich hinter den Busch verkriecht.

KLARA Ich habe ihn noch nicht gelobt, du brauchst ihn
nicht herabzusetzen.

LEONHARD Du scheinst noch immer warmen Anteil an
ihm zu nehmen! 20

KLARA Wir haben als Kinder zusammen gespielt, und
nachher – Du weißt recht gut!

LEONHARD O ja, ich weiß! Aber eben darum!

KLARA Da war es wohl natürlich, daß ich, nun ich ihn seit
so langer Zeit zum erstenmal wieder erblickte, ihn ansah 25
und mich verwunderte, wie groß und ... *Sie unterbricht
sich.*

LEONHARD Warum wurdest du denn rot, als er dich wieder
ansah?

KLARA Ich glaubte, er sähe nach dem Wärzchen auf meiner 30
linken Backe, ob das auch größer geworden sei! Du
weißt, daß ich mir dies allemal einbilde, wenn mich jemand so starr betrachtet, und daß ich dann immer rot
werde. Ist mir's doch, als ob die Warze wächst, solange
einer darnach kuckt! 35

LEONHARD Sei's, wie es sei, mich überlief's, und ich
dachte: Noch diesen Abend stell ich sie auf die Probe!
Will sie mein Weib werden, so weiß sie, daß sie nichts
wagt. Sagt sie nein, so ...

5 KLARA Oh, du sprachst ein böses, böses Wort, als ich dich
zurückstieß und von der Bank aufsprang. Der Mond,
der bisher zu meinem Beistand so fromm in die Laube
hineingeschienen hatte, ertrank kläglich in den nassen
Wolken, ich wollte forteilen, doch ich fühlte mich zu-
10 rückgehalten, ich glaubte erst, du wärst es, aber es war
der Rosenbusch, der mein Kleid mit seinen Dornen, wie
mit Zähnen, festhielt, du lästertest mein Herz, und ich
traute ihm selbst nicht mehr, du standst vor mir wie
einer, der eine Schuld einfordert, ich – ach Gott!

15 LEONHARD Ich kann's noch nicht bereuen. Ich weiß, daß
ich dich mir nur so erhalten konnte. Die alte Jugendliebe
tat die Augen wieder auf, ich konnte sie nicht schnell
genug zudrücken.

KLARA Als ich zu Hause kam, fand ich meine Mutter
20 krank, todkrank. Plötzlich dahingeworfen, wie von un-
sichtbarer Hand. Der Vater hatte nach mir schicken
wollen, sie hatte es nicht zugegeben, um mich in meiner
Freude nicht zu stören. Wie ward mir zumut, als ich's
hörte! Ich hielt mich fern, ich wagte nicht, sie zu berüh-
25 ren, ich zitterte. Sie nahm's für kindliche Besorgnis und
winkte mich zu sich heran, als ich mich langsam nahte,
zog sie mich zu sich nieder und küßte meinen entweihten
Mund. Ich verging, ich hätte ihr ein Geständnis tun, ich
hätte ihr zuschreien mögen, was ich dachte und fühlte:
30 Meinetwegen liegst du so da! Ich tat's, aber Tränen und
Schluchzen erstickten die Worte, sie griff nach der Hand
meines Vaters und sprach mit einem seligen Blick auf
mich: Welch ein Gemüt!

LEONHARD Sie ist wieder gesund. Ich kam, ihr meinen
35 Glückwunsch abzustatten, und – was meinst du?

KLARA Und?

LEONHARD Bei deinem Vater um dich anzuhalten!

KLARA Ach!

LEONHARD Ist dir's nicht recht?

KLARA Nicht recht? Mein Tod wär's, wenn ich nicht bald 5
dein Weib würde, aber du kennst meinen Vater nicht! Er
weiß nicht, warum wir Eile haben, er kann's nicht wissen, und wir können's ihm nicht sagen, und er hat hundertmal erklärt, daß er seine Tochter nur dem gibt, der,
wie er es nennt, nicht bloß Liebe im Herzen, sondern 10
auch Brot im Schrank für sie hat. Er wird sprechen:
Wart noch ein Jahr, mein Sohn, oder zwei, und was
willst du antworten?

LEONHARD Närrin, der Punkt ist ja gerade beseitigt! Ich
habe die Stelle, ich bin Kassierer! 15

KLARA Du bist Kassierer? Und der andere Kandidat, der
Neffe vom Pastor?

LEONHARD War betrunken, als er zum Examen kam, ver-
beugte sich gegen den Ofen statt gegen den Bürgermeister und stieß, als er sich niedersetzte, drei Tassen vom 20
Tisch. Du weißt, wie hitzig der Alte ist. Herr! fuhr er auf,
doch noch bekämpfte er sich und biß sich auf die Lippen, aber seine Augen blitzten durch die Brille, wie ein
Paar Schlangen, die springen wollen, und jede seiner
Mienen spannte sich. Nun ging's ans Rechnen, und – ha! 25
ha! – mein Mitbewerber rechnete nach einem selbster-
fundenen Einmaleins, das ganz neue Resultate lieferte;
der verrechnet sich! sprach der Bürgermeister, und
reichte mir mit einem Blick, in dem schon die Bestal-
lung* lag, die Hand, die ich, obgleich sie nach Tabak 30
roch, demütig an die Lippen führte, hier ist sie selbst,
unterschrieben und besiegelt!

KLARA Das kommt ...

LEONHARD Unerwartet, nicht wahr? Nun, es kommt auch
nicht so ganz von ungefähr. Warum ließ ich mich vier- 35
zehn Tage lang bei euch nicht sehen?

Ernennung;
Berufung
in ein Amt

KLARA Was weiß ich? Ich denke, weil wir uns den letzten
Sonntag erzürnten!

LEONHARD Den kleinen Zwist führte ich selbst listig herbei, damit ich wegbleiben könnte, ohne daß es zu sehr
auffiele.

KLARA Ich versteh dich nicht!

LEONHARD Glaub's. Die Zeit benutzt ich dazu, der kleinen
bucklichten* Nichte des Bürgermeisters, die so viel bei
dem Alten gilt, die seine rechte Hand ist, wie der Gerichtsdiener die linke, den Hof zu machen. Versteh mich
recht! Ich sagte ihr selbst nichts Angenehmes, ausge-
nommen ein Kompliment über ihre Haare, die bekannt-
lich rot sind, ich sagte ihr nur einiges, das ihr wohlgefiel,
über dich!

KLARA Über mich?

LEONHARD Warum sollt ich's verschweigen? Geschah es
doch in der besten Absicht! Als ob es mir nie im Ernst
um dich zu tun gewesen wäre, als ob – Genug! Das dauerte so lange, bis ich dies in Händen hatte, und wie's
gemeint war, wird die leichtgläubige, manntolle* Törin
erfahren, sobald sie uns in der Kirche aufbieten hört!

KLARA Leonhard!

LEONHARD Kind! Kind! Sei du ⸢ohne Falsch wie die Taube,
ich will klug wie die Schlange⸣ sein, dann genügen wir,
da Mann und Weib doch nur eins sind, dem Evangeli-
enspruch vollkommen. *Lacht* Es kam auch nicht ganz
von selbst, daß der junge Herrmann in dem wichtigsten
Augenblick seines Lebens betrunken war. Du hast gewiß nicht gehört, daß der Mensch sich aufs Trinken verlegt!

KLARA Kein Wort.

LEONHARD Um so leichter glückte mein Plan. Mit drei
Gläsern war's getan. Ein paar Kameraden von mir muß-
ten ihm auf den Leib rücken. »Darf man gratulieren?« –
»Noch nicht!« – »Oh, das ist ja abgemacht! Dein

buckligen

mannstolle,
Liebe
begehrende

Onkel …« Und nun: Trink, mein Brüderlein, trink! Als
ich heute morgen zu dir ging, stand er am Fluß und
kuckte, übers Brückengeländer sich lehnend, schwer-
mütig hinein. Ich grüßte ihn spöttisch und fragte, ob ihm
etwas ins Wasser gefallen sei? »Jawohl«, sagte er, ohne   5
aufzusehen, »und es ist vielleicht gut, wenn ich selbst
nachspringe.«

KLARA Unwürdiger! Mir aus den Augen!

LEONHARD Ja? *Macht, als wollt er gehen.*

KLARA O mein Gott, an diesen Menschen bin ich geket-   10
tet!

LEONHARD Sei kein Kind! Und nun noch ein Wort im Vertrauen. Hat dein Vater die tausend Taler noch immer in
der Apotheke stehen?

KLARA Ich weiß nichts davon.   15

LEONHARD Nichts über einen so wichtigen Punkt?

KLARA Da kommt mein Vater.

LEONHARD Versteh mich! Der Apotheker soll nah am
Konkurs* sein, darum fragt ich!

KLARA Ich muß in die Küche! *Ab.*   20

LEONHARD *allein:* Nun müßte hier nichts zu holen sein!
Ich kann es mir zwar nicht denken, denn der Meister
Anton ist der Art, daß er, wenn man ihm aus Versehen
auch nur einen Buchstaben zu viel auf den Grabstein
setzte, gewiß als Geist so lange umginge, bis er wieder   25
ausgekratzt wäre, denn er würde es für unredlich halten,
sich mehr vom Alphabet anzueignen, als ihm zukäme!

Fünfte Szene

DER VATER, MEISTER ANTON *tritt ein:* Guten Morgen, Herr
Kassierer! *Er nimmt seinen Hut ab und setzt eine wol-*   30
lene Mütze auf. ⌜Ist's einem alten Manne erlaubt, sein
Haupt zu bedecken?⌝

Zahlungs-
unfähigkeit

24   Erster Akt

LEONHARD Er weiß also …

MEISTER ANTON Schon gestern abend. Ich hörte, als ich in
der Dämmerung zum toten Müller ging, um dem Mann
das Maß zur letzten Behausung* zu nehmen, ein paar   Sarg
5 von Seinen guten Freunden auf Ihn schimpfen. Da
dachte ich gleich: Der Leonhard hat gewiß den Hals
nicht gebrochen. Im Sterbehause hörte ich das Nähere
vom Küster*, der eben vor mir gekommen war, um die   Kirchendiener
Witwe zu trösten und nebenbei sich selbst zu betrin-
10 ken.

LEONHARD Und Klara mußte es erst von mir erfahren?

MEISTER ANTON Wenn es Ihn nicht trieb, der ⌈Dirne⌉ die
Freude zu machen, wie sollt es mich treiben? Ich stecke
in meinem Hause keine Kerzen an, als die mir selbst
15 gehören. Dann weiß ich, daß niemand kommen kann,
der sie wieder ausbläst, wenn wir eben unsre beste Lust
daran haben!

LEONHARD Er* konnte doch von mir nicht denken …   Früher
MEISTER ANTON ⌈Denken? Über Ihn?⌉ Über irgendeinen?   gebräuchliche,
                                                         respektvolle
20 Ich hoble mir die Bretter wohl zurecht mit meinem Ei-   Form der
sen, aber nie die Menschen mit meinen Gedanken. Über   Anrede
die Torheit bin ich längst hinaus. Wenn ich einen Baum
grünen sehe, so denk ich wohl: Nun wird er bald blühen!
Und wenn er blüht: Nun wird er Früchte bringen! Darin
25 sehe ich mich auch nicht getäuscht, darum geb ich die
alte Gewohnheit nicht auf. Aber über Menschen denke
ich nichts, gar nichts, nichts Schlimmes, nichts Gutes,
dann brauch ich nicht abwechselnd, wenn sie bald
meine Furcht, bald meine Hoffnung täuschen, rot oder
30 blaß zu werden. Ich mache bloß Erfahrungen über sie
und nehme mir ein Beispiel an meinen beiden Augen, die
auch nicht denken, sondern nur sehen. Über Ihn glaubte
ich schon eine ganze Erfahrung gemacht zu haben, nun
finde ich Ihn hier und muß bekennen, daß es doch nur
35 eine halbe gewesen ist!

LEONHARD Meister Anton, Er macht es ganz verkehrt. Der
Baum hängt von Wind und Wetter ab, der Mensch hat in
sich Gesetz und Regel!

MEISTER ANTON Meint Er? Ja, wir Alten sind dem Tod vielen Dank schuldig, daß er uns noch so lange unter euch   5
Jungen herumlaufen läßt und uns Gelegenheit gibt, uns
zu bilden. Früher glaubte die dumme Welt, der Vater sei
dazu da, um den Sohn zu erziehen. Umgekehrt, der Sohn
soll dem Vater die letzte Politur geben*, damit der arme
einfältige Mann sich im Grabe nicht vor den Würmern   10
zu schämen braucht. Gottlob, ich habe in meinem Karl
einen braven Lehrer, der rücksichtslos und, ohne das
alte Kind durch Nachsicht zu verzärteln, gegen meine
Vorurteile zu Felde zieht. So hat er mir noch heute morgen zwei neue Lehren gegeben, und auf die geschickteste   15
Weise, ohne auch nur den Mund aufzutun, ohne sich bei
mir sehen zu lassen, ja, eben dadurch. Erstlich hat er mir
gezeigt, daß man sein Wort nicht zu halten braucht,
zweitens, daß es überflüssig ist, in die Kirche zu gehen
und Gottes Gebote in sich aufzufrischen. Gestern abend   20
versprach er mir, es zu tun, und ich verließ mich darauf,
daß er kommen würde, denn ich dachte: er wird dem
gütigen Schöpfer doch für die Wiederherstellung seiner
Mutter danken wollen. Aber er war nicht da, ich hatte es
in meinem Stuhl, der freilich für zwei Personen ein we-   25
nig eng ist, ganz bequem. Ob es ihm wohl ganz recht
wäre, wenn ich mir die neue Lehre gleich zu eigen
machte und ihm auch mein Wort nicht hielte? Ich habe
ihm zu seinem Geburtstag einen neuen Anzug versprochen und hätte also Gelegenheit, seine Freude über   30
meine Gelehrigkeit zu prüfen. Aber das Vorurteil, das
Vorurteil! Ich werde es nicht tun!

LEONHARD Vielleicht war er unwohl …

MEISTER ANTON Möglich, ich brauche meine Frau nur zu
fragen, dann hör ich ganz gewiß, daß er krank ist. Denn   35

Glanz,
letzten Schliff

über alles in der Welt sagt sie mir die Wahrheit, nur nicht über den Jungen. ⌐Und wenn auch nicht krank – auch das hat die junge Welt vor uns Alten voraus, daß sie allenthalben ihre Erbauung findet, daß sie beim Vogelfangen, beim Spazierengehen, ja im Wirtshaus ihre Andacht halten kann. »Vater unser, der du bist im Himmel!« – »Guten Tag, Peter, sieht man dich beim Abendtanz?« – »Geheiligt werde dein Name!« – »Ja, lach nur, Kathrine, es findet sich!« – »Dein Wille geschehe!« – »Hol mich der Teufel, ich bin noch nicht rasiert!« – Und so zu Ende, und den Segen gibt man sich selbst, denn man ist ja ein Mensch, so gut wie der Prediger, und die Kraft, die vom schwarzen Rock* ausgeht, steckt gewiß auch im blauen*. Ich habe auch nichts dagegen, und wollt Ihr sogar zwischen ⌐die sieben Bitten⌐ sieben Gläser einschalten, was tut's, ich kann's keinem beweisen, daß Bier und Religion sich nicht miteinander vertragen, und vielleicht kommt's noch einmal als eine neue Art, das Abendmahl zu nehmen, in die Liturgie*.⌐ Ich alter Sünder freilich, ich bin nicht stark genug, um die Mode mitzumachen, ich kann die Andacht nicht wie einen Maikäfer auf der Straße einfangen, bei mir kann das Gezwitscher der Spatzen und Schwalben die Stelle der Orgel nicht vertreten; wenn ich mein Herz erhoben fühlen soll, so muß ich erst die schweren eisernen Kirchtüren hinter mir zuschlagen hören und mir einbilden, es seien die Tore der Welt gewesen, die düstern hohen Mauern mit den schmalen Fenstern, die das helle freche Weltlicht nur verdunkelt durchlassen, als ob sie es sichteten, müßten sich um mich zusammendrängen, und in der Ferne muß ich das Beinhaus* mit dem eingemauerten Totenkopf sehen können. Nun – besser ist besser!

LEONHARD Er nimmt's auch zu genau.

MEISTER ANTON Gewiß! Ganz gewiß! Und heute, als ehrlicher Mann muß ich's gestehen, trifft's nicht einmal zu,

Kutte des Geistlichen

Tracht oder Schürze des Wirts

Gottesdienst, Messe

Gebäude zur Aufbewahrung von Gebeinen, die aus Grabstätten ausgegraben wurden

in der Kirche verlor ich die Andacht, denn der offene
Platz neben mir verdroß mich, und draußen, unter dem
Birnbaum in meinem Garten, fand ich sie wieder. Er
wundert sich? Sieh Er, ich ging betrübt und niederge-
schlagen zu Hause, wie einer, dem die Ernte verhagelt 5
ist, denn Kinder sind wie Äcker, man sät sein gutes Korn
hinein, und dann geht Unkraut auf. Unter dem Birnbaum, den die Raupen abgefressen haben, stand ich still.
Ja, dacht ich, der Junge ist, wie dieser da, leer und kahl!
Da kam es mir auf einmal vor, als ob ich sehr durstig 10
wäre und durchaus ins Wirtshaus müßte. Ich betrog
mich selbst, mir war nicht um ein Glas Bier zu tun, nur
darum, den Burschen aufzusuchen und auszuschmälen*;
im Wirtshaus, das wußte ich, hätte ich ihn ganz gewiß
gefunden. Eben wollt ich gehen, da ließ der alte, ver- 15
nünftige Baum eine saftige Birne zu meinen Füßen nie-
derfallen, als wollt er sagen: Die ist für den Durst, und
weil du mich durch den Vergleich mit deinem Schlingel
verschimpfiert* hast! Ich besann mich, biß hinein und
ging ins Haus. 20

LEONHARD Weiß Er, daß der Apotheker nah am Konkurs
ist?

MEISTER ANTON Was kümmert's mich!

LEONHARD So gar nichts?

MEISTER ANTON Doch! Ich bin ein Christ. Der Mann hat 25
viele Kinder!

LEONHARD Und noch mehr Gläubiger. Auch die Kinder
sind eine Art von Gläubigern.

MEISTER ANTON Wohl dem, der keins von beiden ist!

LEONHARD Ich glaubte, Er selbst ... 30

MEISTER ANTON Das ist längst abgemacht.

LEONHARD Er ist ein vorsichtiger Mann. Er hat Sein Geld
gewiß gleich eingefordert, als Er sah, daß es mit dem
Kräuterhändler* rückwärtsging!

MEISTER ANTON Ja, ich brauche nicht mehr zu zittern, daß 35
ich es verliere, denn ich habe es längst verloren.

LEONHARD Spaß!

MEISTER ANTON Ernst!

KLARA *sieht in die Tür:* Rief Er, Vater?

MEISTER ANTON ⌜Klingen dir schon die Ohren?⌝ Von dir
5 war die Rede noch nicht!

KLARA Das Wochenblatt! *Ab.*

LEONHARD Er ist ein Philosoph!

MEISTER ANTON Was heißt das?

LEONHARD Er weiß sich zu fassen!

10 MEISTER ANTON Ich trage einen ⌜Mühlstein⌝ wohl zuweilen als Halskrause, statt damit ins Wasser zu gehen – das
gibt einen steifen Rücken!

LEONHARD Wer's kann, macht's nach!

MEISTER ANTON Wer einen so wackern Mitträger findet,
15 als ich in Ihm zu finden scheine, der muß unter der Last
sogar tanzen können. Er ist ja ordentlich blaß geworden! Das nenn ich Teilnahme!

LEONHARD Er wird mich nicht verkennen!

MEISTER ANTON Gewiß nicht! *Er trommelt auf einer Kom-*
20 *mode.* Daß das Holz nicht durchsichtig ist, wie?

LEONHARD Ich versteh Ihn nicht!

MEISTER ANTON Wie einfältig war unser Großvater
Adam*, daß er die Eva nahm, ob sie gleich nackt und
bloß war, und nicht einmal das Feigenblatt* mitbrachte.
25 Wir beide, Er und ich, hätten sie als Landstreicherin aus
dem Paradies herausgepeitscht! Was meint Er?

LEONHARD Er ist ärgerlich auf Seinen Sohn. Ich kam, Ihn
um Seine Tochter …

MEISTER ANTON Halt Er ein! Vielleicht sag ich nicht nein!
30 LEONHARD Das hoff ich! Und ich will Ihm meine Meinung
sagen! Sogar die heiligen Erzväter* verschmähten nicht
den Mahlschatz* ihrer Weiber, ⌜Jakob liebte die Rahel⌝
und warb sieben Jahre um sie, aber er freute sich auch
über die fetten Widder und Schafe, die er in ihres Vaters
35 Dienst gewann. Ich denke, es gereicht ihm nicht zur

Bibl.
Urvater aller
Menschen

Zum Ver-
bergen der
Geschlechts-
teile

Bezeichnung
für die Stamm-
väter des
Volkes Israel

Mitgift

Schande, und ihn übertreffen heißt ihn rot machen*. Ich
hätte es gern gesehen, wenn Seine Tochter mir ein paar
hundert Taler zugebracht hätte, und das war natürlich,
denn um so besser würde sie selbst es bei mir gehabt
haben; wenn ein Mädchen das Bett im Koffer mitbringt,   5
so braucht sie nicht erst Wolle zu kratzen und Garn zu
spinnen. Es ist nicht der Fall – was tut's? Wir machen
aus der Fastenspeise unser Sonntagsessen, und aus dem
Sonntagsbraten unsern Weihnachtsschmaus! So geht's
auch!   10

MEISTER ANTON *reicht ihm die Hand:* Er spricht brav, und
unser Herrgott nickt zu Seinen Worten, nun – ich will's
vergessen, daß meine Tochter vierzehn Tage lang des
Abends vergeblich beim Teetrinken eine Tasse für Ihn
auf den Tisch gestellt hat. Und nun Er mein Schwieger-   15
sohn wird, will ich Ihm auch sagen, wo die tausend Taler geblieben sind!

LEONHARD *beiseite:* Also doch weg! Nun, so brauch ich
mir von dem alten ⌈Werwolf⌉ auch nichts gefallen zu lassen, wenn er mein Schwiegervater ist!   20

MEISTER ANTON Mir ging's in jungen Jahren schlecht. Ich
bin sowenig wie Er als ein borstiger Igel zur Welt gekommen, aber ich bin nach und nach einer geworden. Erst
waren all die ⌈Stacheln⌉ bei mir nach innen gerichtet, da
kniffen und drückten sie alle zu ihrem Spaß auf meiner   25
nachgiebigen glatten Haut herum und freuten sich,
wenn ich zusammenfuhr, weil die Spitzen mir in Herz
und Eingeweide drangen; Aber das Ding gefiel mir
nicht, ich kehrte meine Haut um, nun fuhren ihnen die
Borsten in die Finger, und ich hatte Frieden.   30

LEONHARD *für sich:* Vor dem Teufel selbst, glaub ich!

MEISTER ANTON Mein Vater arbeitete sich, weil er sich Tag
und Nacht keine Ruhe gönnte, schon in seinem dreißig-
sten Jahre zu Tode, meine arme Mutter ernährte mich
mit Spinnen, so gut es ging, ich wuchs auf, ohne etwas zu 35

lernen, ich; hätte mir, als ich größer wurde und doch noch immer nichts verdienen konnte, wenigstens gern das Essen abgewöhnt, aber wenn ich mich auch des Mittags zuweilen krank stellte und den Teller zurückschob, was wollte es bedeuten? Am Abend zwang mich der Magen, mich wieder für gesund zu erklären. Meine größte Pein war, daß ich so ungeschickt* blieb, ich konnte darüber mit mir selbst hadern, als ob's meine eigene Schuld wäre, als ob ich mich im Mutterleibe nur mit Freßzähnen versehen und alle nützliche Eigenschaften und Fertigkeiten wie absichtlich darin zurückgelassen hätte, ich konnte rot werden, wenn mich die Sonne beschien. Gleich nach meiner Konfirmation trat der Mann, den sie gestern begraben haben, der Meister Gebhard, zu uns in die Stube. Er runzelte die Stirn und verzog das Gesicht, wie er immer tat, wenn er etwas Gutes beabsichtigte, dann sagte er zu meiner Mutter: »Hat Sie Ihren Jungen in die Welt gesetzt, daß er Ihr Nase und Ohren vom Kopf fressen soll?« Ich schämte mich und legte das Brot, von dem ich mir gerade ein Stück abschneiden wollte, schnell wieder in den Schrank, meine Mutter ärgerte sich über das wohlgemeinte Wort, sie hielt ihr Rad* an und versetzte hitzig, ihr Sohn sei brav und gut. »Nun, das wollen wir sehen«, sagte der Meister, »wenn er Lust hat, kann er gleich, wie er da steht, mit mir in die Werkstatt gehen, ⌐Lehrgeld⌐ verlang ich nicht, die Kost bekommt er, für Kleider will ich auch sorgen, und wenn er früh aufstehen und spät zu Bette gehen will, so soll's ihm an Gelegenheit, hin und wieder ein gutes Trinkgeld für seine alte Mutter zu verdienen, nicht fehlen.« Meine Mutter fing zu weinen an, ich zu tanzen; als wir endlich zu Worte kamen, hielt der Meister sich die Ohren zu, schritt hinaus und winkte mir. Den Hut braucht ich nicht aufzusetzen, denn ich hatte keinen; ohne der Mutter auch nur adjes* zu sagen,

Hier: für nichts zu gebrauchen, ohne berufl. Ausbildung

Spinnrad

adieu, auf Wiedersehen

folgt ich ihm, und als ich am nächsten Sonntag zum erstenmal auf ein Stündchen zu ihr zurück durfte, gab er mir einen halben Schinken für sie mit. Gottes Segen in des braven Mannes Gruft! Noch hör ich sein halbzorniges: »Tonerl*, unter die Jacke damit, daß meine Frau es nicht sieht!«

Bayr. Verniedlichungsform für ›Anton‹

LEONHARD Kann Er auch weinen?

MEISTER ANTON *trocknet sich die Augen:* Ja, daran darf ich nicht denken, so gut der Tränenbrunnen auch in mir verstopft ist, das gibt jedesmal wieder einen Riß. Nun, auch gut; wenn ich einmal wassersüchtig werde, so brauche ich mir wenigstens diese Tropfen nicht mit abzapfen zu lassen. *Mit einer plötzlichen Wendung* Was meint Er? Wenn Er den Mann, dem Er alles verdankte, einmal an einem Sonntagnachmittag auf eine Pfeife Tabak besuchen wollte, und Er träfe ihn verwirrt und verstört, ein Messer in der Hand, dasselbe Messer, womit er ihm tausendmal sein Vesperbrot abgeschnitten, blutig am Halse, und das Tuch ängstlich bis ans Kinn hinaufziehend ...

LEONHARD So ging der alte Gebhard bis an sein Ende!

MEISTER ANTON Der Narbe wegen. Und Er käme noch eben zur rechten Zeit, Er könnte retten und helfen, aber nicht bloß dadurch, daß Er ihm das Messer aus der Hand risse und die Wunde verbände, sondern Er müßte auch lumpige tausend Taler, die Er erspart hätte, hergeben, und das müßte sogar, um den kranken Mann nur zur Annahme zu bewegen, ganz in der Stille geschehen, was würde Er tun?

LEONHARD Ledig und los, wie ich bin, ohne Weib und Kind, würde ich das Geld opfern.

MEISTER ANTON Und wenn Er zehn Weiber hätte, wie die Türken, und ⌜so viel Kinder, als dem Vater Abraham versprochen waren⌝, und Er könnte sich auch nur einen Augenblick bedenken, so wär Er – nun, Er wird mein

Schwiegersohn! Jetzt weiß Er, wo das Geld geblieben ist, heute konnt ich es Ihm sagen, denn mein alter Meister ist begraben, vor einem Monat hätt ich's noch auf dem Sterbebett bei mir behalten. Die Verschreibung hab ich dem Toten, bevor sie den Sarg zunagelten, unter den Kopf geschoben; wenn ich schreiben könnte, hätt ich vorher ein: »Ehrlich bezahlt!« darunter gesetzt; unwissend, wie ich bin, blieb mir nichts übrig, als der Länge nach einen Riß ins Papier zu machen*. Nun wird er ruhig schlafen, und ich hoffe, ich auch, wenn ich mich einst neben ihn hinstrecke.

ungültig machen

Sechste Szene

DIE MUTTER *tritt schnell ein*: Kennst mich noch?

MEISTER ANTON *auf das Hochzeitskleid deutend*: Den Rahmen, ja wohl, der hat sich gehalten, das Bild nicht recht. Es scheint sich viel Spinnweb daraufgesetzt zu haben, nun, die Zeit war lang genug dazu!

MUTTER Hab ich nicht einen aufrichtigen Mann? Doch, ich brauch ihn nicht apart* zu loben, Aufrichtigkeit ist die Tugend der Ehemänner.

(franz.) besonders

MEISTER ANTON Tut's dir leid, daß du mit zwanzig Jahren besser vergoldet warst als mit fünfzig?

MUTTER Gewiß nicht! Wär's anders, so müßt ich mich ja für dich und mich schämen!

MEISTER ANTON So gibst du mir einen Kuß! Ich bin rasiert, und besser wie gewöhnlich!

MUTTER Ich sage ja, bloß um zu prüfen, ob du dich noch auf die Kunst verstehst. Das fiel dir lange nicht mehr ein!

MEISTER ANTON Gute Hausmutter*! Ich will nicht verlangen, daß du mir die Augen zudrücken sollst, es ist ein schweres Stück, ich will's für dich übernehmen, ich will

Hausfrau (als Verwalterin des Haushalts), Ehefrau

dir den letzten Liebesdienst erweisen, aber Zeit mußt du
mir lassen, hörst du, daß ich mich stähle und vorbereite
und nicht als Stümper bestehe. Noch war's viel zu früh!

MUTTER Gott sei Dank, wir bleiben noch eine Weile bei-
sammen.   5

MEISTER ANTON Ich hoff's auch, du hast ja ordentlich wieder rote Backen!

MUTTER Ein possierlicher Mensch, unser neuer Totengräber. Er machte ein Grab, als ich heute morgen über
den Kirchhof ging, ich fragte ihn, für wen es sei. »Für   10
wen Gott will«, sagte er, »vielleicht für mich selbst, es
kann mir gehen, wie meinem Großvater, der auch mal
eins auf den Vorrat gemacht hatte, und in der Nacht, als
er aus dem Wirtshaus zu Hause kam, hineinfiel und sich
den Hals brach.«   15

LEONHARD *der bisher im Wochenblatt gelesen hat:* Der
Kerl ist nicht von hier, er kann uns vorlügen, was ihm
gefällt!

MUTTER Ich fragte ihn: »Warum wartet Er denn nicht, bis
man die Gräber bei Ihm bestellt?« – »Ich bin heute auf   20
eine Hochzeit gebeten«, sprach er, »und da bin ich Pro-
phet genug, um zu wissen, daß ich's morgen noch im
Kopf spüren werde. Nun hat mir aber gewiß jemand den
Tort* angetan und ist gestorben. Da müßt ich morgen
beizeiten heraus und könnte nicht ausschlafen.«   25

MEISTER ANTON Hanswurst, hätt ich gesagt, wenn das
Grab nun nicht paßt?

MUTTER Ich sagte es auch, aber der schüttelt die spitzen
Antworten aus dem Ärmel wie der Teufel die Flöhe. Ich
habe das Maß nach dem Weber Veit genommen, sagte   30
er, der ragt, ⌈wie König Saul⌉, um einen Kopf über uns
alle hinaus, nun mag kommen, wer will, er wird sein
Haus nicht zu klein finden, und wenn's zu groß ist, so
schadet's keinem als mir, denn als ehrlicher Mann lass'
ich mir keinen Fuß über die Sarglänge bezahlen. Ich   35

(franz.)
Unrecht,
Kränkung

warf meine Blumen hinein und sprach: »Nun ist's besetzt!«

MEISTER ANTON Ich denke, der Kerl hat bloß gespaßt, und das ist schon sündlich genug. Gräber im voraus machen
5 hieße vorwitzig die Falle des Todes aufstellen; den Halunken, der es täte, sollte man vom Dienst jagen. *Zu dem lesenden Leonhard* Was Neues? Sucht ein Menschenfreund eine arme Witwe, die ein paar hundert Taler brauchen kann? Oder umgekehrt die arme Witwe den
10 Menschenfreund, der sie geben will?

LEONHARD Die Polizei macht einen Juwelendiebstahl bekannt. Wunderbar genug. Man sieht daraus, daß trotz der schlechten Zeiten noch immer Leute unter uns leben, die Juwelen besitzen.

15 MEISTER ANTON Ein Juwelendiebstahl? Bei wem?

LEONHARD Beim Kaufmann Wolfram!

MEISTER ANTON Bei – Unmöglich! Da hat mein Karl vor ein paar Tagen einen Sekretär* poliert!

LEONHARD Aus dem Sekretär verschwunden, richtig!

20 MUTTER *zu Meister Anton:* Vergebe dir Gott dies Wort!

MEISTER ANTON Du hast recht, es war ein nichtswürdiger Gedanke!

MUTTER Gegen deinen Sohn, das muß ich dir sagen, bist du nur ein halber Vater.

25 MEISTER ANTON Frau, wir wollen heute nicht darüber sprechen!

MUTTER Er ist anders als du, muß er darum gleich schlecht sein?

MEISTER ANTON Wo bleibt er denn jetzt? Die Mittags-
30 glocke hat längst geschlagen, ich wette, daß das Essen draußen verkocht und verbrät, weil Klara heimliche Ordre* hat, den Tisch nicht zu decken, bevor er da ist.

MUTTER Wo sollt er bleiben? Höchstens wird er kegelschieben, und da muß er ja die entfernteste Bahn auf-
35 suchen, damit du ihn nicht entdeckst. Dann ist der

Schreibtisch/-pult

(franz.) Befehl, Auftrag

Rückweg natürlich lang. Ich weiß auch nicht, was du gegen das unschuldige Spiel hast.

MEISTER ANTON Gegen das Spiel? Gar nichts! Vornehme Herren müssen einen Zeitvertreib haben. Ohne den Kartenkönig hätte der wahre König gewiß oft Lange- 5 weile, und wenn die Kegel nicht erfunden wären, wer weiß, ob Fürsten und Barone nicht mit unsern Köpfen bosseln* würden! Aber ein Handwerksmann kann nicht ärger freveln, als wenn er seinen sauer verdienten Lohn aufs Spiel setzt. Der Mensch muß, was er mit schwerer 10 Mühe im Schweiß seines Angesichts erwirbt, ehren, es hoch und wert halten, wenn er nicht an sich selbst irre werden, wenn er nicht sein ganzes Tun und Treiben ver- ächtlich finden soll. Wie können sich alle meine Nerven spannen für den Taler, den ich wegwerfen will. *Man* 15 *hört draußen die Türklingel.*

MUTTER Da ist er.

Siebente Szene

Gerichtsdiener Adam und noch ein Gerichtsdiener treten ein. 20

ADAM *zu Meister Anton:* Nun geh Er nur hin und bezahl Er Seine Wette. ⌜L e u t e i m r o t e n R o c k m i t b l a u e n A u f s c h l ä g e n⌝ – *dies betont er stark* – sollten Ihm nie ins Haus kommen? Hier sind wir unsrer zwei! *Zum zweiten Gerichtsdiener* Warum behält Er Seinen Hut 25 nicht auf wie ich? Wer wird Umstände machen, wenn er bei seinesgleichen ist?

MEISTER ANTON Bei deinesgleichen, Schuft?

ADAM Er hat recht, wir sind nicht bei unsersgleichen, Schelme und Diebe sind nicht unsersgleichen! *Er zeigt* 30 *auf die Kommode.* Aufgeschlossen! Und dann drei Schritt davon! Daß Er nichts herauspraktiziert*!

MEISTER ANTON Was? Was?

KLARA *tritt mit Tischzeug ein:* Soll ich ... *Sie verstummt.*

ADAM *zeigt ein Papier:* Kann Er geschriebene Schrift lesen?

5 MEISTER ANTON Soll ich können, was nicht einmal mein Schulmeister konnte?

ADAM So hör Er! Sein Sohn hat Juwelen gestohlen. Den Dieb haben wir schon. Nun wollen wir Haussuchung halten!

10 MUTTER Jesus! ⌜*Fällt um und stirbt.*⌝

KLARA Mutter! Mutter! Was sie für Augen macht!

LEONHARD Ich will einen Arzt holen!

MEISTER ANTON Nicht nötig! Das ist das letzte Gesicht! Sah's hundertmal. Gute Nacht, Therese! Du starbst, als

15 du's hörtest! Das soll man dir aufs Grab setzen!

LEONHARD Es ist doch vielleicht ... *Abgehend* Schrecklich! Aber gut für mich! *Ab.*

MEISTER ANTON *zieht ein Schlüsselbund hervor und wirft es von sich:* Da! Schließt auf! Kasten nach Kasten! Ein

20 Beil her! Der Schlüssel zum Koffer ist verloren! Hei, Schelmen und Diebe! *Er kehrt sich die Taschen um.* Hier find ich nichts!

ZWEITER GERICHTSDIENER Meister Anton, faß Er sich! Jeder weiß, daß Er der ehrlichste Mann in der Stadt ist.

25 MEISTER ANTON So? So? *Lacht* Ja, ich hab die Ehrlichkeit in der Familie allein verbraucht! Der arme Junge! Es blieb nichts für ihn übrig! Die da – *er zeigt auf die Tote* – war auch viel zu sittsam! Wer weiß, ob die Tochter nicht ... *Plötzlich zu Klara* Was meinst du, mein unschuldiges

30 Kind?

KLARA Vater!

ZWEITER GERICHTSDIENER *zu Adam:* Fühlt Er kein Mitleid?

ADAM Kein Mitleid? Wühl ich dem alten Kerl in den Ta-

35 schen? Zwing ich ihn, die Strümpfe auszuziehen und die

Stiefel umzukehren? Damit wollt ich anfangen, denn ich hasse ihn, wie ich nur hassen kann, seit er im Wirtshaus sein Glas … Er kennt die Geschichte, und Er müßte sich auch beleidigt fühlen, wenn Er Ehre im Leibe hätte. *Zu Klara* Wo ist die Kammer des Bruders?

KLARA *zeigt sie:* Hinten! *Beide Gerichtsdiener ab.*

KLARA Vater, er ist unschuldig! Er muß unschuldig sein! Er ist ja dein Sohn, er ist ja mein Bruder!

MEISTER ANTON Unschuldig, und ein Muttermörder? *Lacht.*

EINE MAGD *tritt ein mit einem Brief, zu Klara:* Von Herrn Kassierer Leonhard! *Ab.*

MEISTER ANTON Du brauchst ihn nicht zu lesen! Er sagt sich von dir los! *Schlägt in die Hände* Bravo, Lump!

KLARA *hat gelesen:* Ja! Ja! O mein Gott!

MEISTER ANTON Laß ihn!

KLARA Vater, Vater, ich kann nicht!

MEISTER ANTON Kannst nicht? Kannst nicht? Was ist das? Bist du …

Beide Gerichtsdiener kommen zurück.

ADAM *hämisch:* ⌜Suchet, so werdet ihr finden!⌝

ZWEITER GERICHTSDIENER *zu Adam:* Was fällt Ihm ein? Traf's denn heute zu?

ADAM Halt Er 's Maul! *Beide ab.*

MEISTER ANTON Er ist unschuldig, und du … du …

KLARA Vater, Er ist schrecklich!

MEISTER ANTON *faßt sie bei der Hand, sehr sanft:* Liebe Tochter, der Karl ist doch nur ein Stümper, er hat die Mutter umgebracht, was will's heißen? Der Vater blieb am Leben! Komm ihm zu Hülfe, du kannst nicht verlangen, daß er alles allein tun soll, gib du mir den Rest, der alte Stamm sieht noch so knorrig aus, nicht wahr, aber er wackelt schon, es wird dir nicht zu viel Mühe kosten, ihn zu fällen! Du brauchst nicht nach der Axt zu greifen, du hast ein hübsches Gesicht, ich hab dich noch nie ge-

lobt, aber heute will ich's dir sagen, damit du Mut und
Vertrauen bekommst, Augen, Nase und Mund finden
gewiß Beifall, werde – du verstehst mich wohl, oder sag
mir, es kommt mir so vor, daß du's schon bist!

5 KLARA *fast wahnsinnig, stürzt der Toten mit aufgehobe-
nen Armen zu Füßen und ruft, wie ein Kind:* Mutter!
Mutter!

MEISTER ANTON Faß die Hand der Toten und schwöre mir,
daß du bist, was du sein sollst!

10 KLARA Ich – schwöre – dir – daß – ich – dir – nie – Schande
machen – will!

MEISTER ANTON Gut! *Er setzt seinen Hut auf:* Es ist schönes Wetter! Wir wollen ⌐Spießrutenlaufen¬, straßauf,
straßab! *Ab.*

[handschriftliche Notiz rechts oben:] er entscheidet über ihr Leben

[handschriftliche Notiz unten links:] verletzt würde der toten Mutter und seiner Tochter, er nutzt die Trauer um seine eigenen Zwecke zu erfüllen und denkt er handelt rechtmäßig

[handschriftliche Notiz rechts:] er zweifelt ansonsten würde er keinen Schwur wollen, am wichtigsten ist ihm sein Ruf (was die anderen von ihm denken), ist abhängig von den Menschen

Zweiter Akt

Zimmer im Hause des Tischlermeisters

Erste Szene

Meister Anton steht vom Tisch auf. Klara will abräumen.

MEISTER ANTON Willst du wieder nicht essen? 5

KLARA Vater, ich bin satt.

MEISTER ANTON Von nichts?

KLARA Ich aß schon in der Küche.

MEISTER ANTON Wer keinen Appetit hat, der hat kein gut Gewissen! Nun, alles wird sich finden! Oder war Gift in 10 der Suppe, wie ich gestern träumte? Einiger ⌈wilder Schierling⌉, aus Versehen beim Pflücken ins Kräuterbündel hineingeraten? Dann tatst du klug!

KLARA Allmächtiger Gott!

MEISTER ANTON Vergib mir, ich ... Geh zum Teufel mit 15 deiner blassen Leidensmiene, die du der Mutter des Heilands gestohlen hast! Rot soll man aussehen, wenn man jung ist! Nur einer darf Staat machen* mit einem solchen Gesicht, und der tut's nicht! Hei! Jedem eine Ohrfeige, der noch au sagt, wenn er sich in den Finger geschnitten 20 hat! Dazu hat keiner das Recht mehr, denn hier steht ein Mann, der – Eigenlob stinkt, aber was tat ich, als der Nachbar über deiner Mutter den Sargdeckel zunageln wollte?

KLARA Er riß ihm den Hammer weg und tat's selbst, und 25 sprach: Dies ist mein Meisterstück! Der Kantor*, der eben mit den Chorknaben vor der Tür das Sterbelied absang, meinte, Er sei verrückt geworden!

MEISTER ANTON Verrückt! *Lacht.* Verrückt! Ja, ja, das ist ein kluger Kopf, der sich selbst köpft, wenn's Zeit ist. 30

Aufwand betreiben

Leiter eines Kirchenchores und Organist

Der meinige muß dazu zu fest stehen, sonst ... Man
hockte in der Welt und glaubte in einer guten Herberge
hinterm Ofen zu sitzen, da wird plötzlich Licht auf den
Tisch gestellt, und siehe da, man ist in einem Räuber-
loch, nun geht's piff, paff, von allen Seiten, aber es schadet nicht, man hat zum Glück ein steinernes Herz!

KLARA Ja, Vater, so ist's!

MEISTER ANTON Was weißt du davon? Meinst du, du hast
ein Recht, mit mir zu fluchen, weil dein Schreiber da-
vongelaufen ist? Dich wird ein anderer sonntags nach-
mittags spazierenführen, ein anderer wird dir sagen, daß
deine Backen rot sind und deine Augen blau, ein anderer
wird dich zum Weibe nehmen, wenn du's verdienst.
Aber, wenn du nun dreißig Jahre lang in Züchten und
Ehren die Last des Lebens getragen, wenn du nie ge-
murrt, sondern Leid und Tod und jedes Mißgeschick in
Geduld hingenommen hast, und dann kommt dein
Sohn, der dir für dein Alter ein weiches Kopfkissen stop-
fen sollte, und überhäuft dich so mit Schande, daß du die
Erde anrufen möchtest: Verschlucke mich, wenn dich
nicht ekelt, denn ich bin kotiger als du! – dann magst du
all die Flüche, die ich in meiner Brust zurückhalte, aus-
sprechen, dann magst du dein Haar raufen und deine
Brüste zerschlagen, das sollst du vor mir voraus haben,
denn du bist kein Mann!

KLARA O Karl!

MEISTER ANTON Wundern soll mich's doch, was ich tun
werde, wenn ich ihn wieder vor mir sehe, wenn er
abends ⌐vor Lichtanzünden⌐ mit geschorenem Kopf,
denn im Zuchthaus sind die Frisuren nicht erlaubt, in
die Stube tritt und einen guten Abend herausstottert und
die Klinke der Tür in der Hand behält*. Tun werd ich   nicht einzu-
etwas, das ist gewiß, aber was? *Mit Zähneknirschen*   treten wagt
Und ob sie ihn zehn Jahre behalten, er wird mich finden,
ich werde so lange leben, das weiß ich, merk dir's, Tod,

ich bin von jetzt an ein Stein vor deiner Hippe*, sie wird
eher zerspringen als mich aus der Stelle rücken!

KLARA *faßt seine Hand:* Vater, Er sollte sich eine halbe
Stunde niederlegen!

MEISTER ANTON Um zu träumen, daß du in die Wochen 5
gekommen seist? Um dann aufzufahren und dich zu
packen und mich hinterdrein zu besinnen und zu sprechen: »Liebe Tochter, ich wußte nicht, was ich tat!« Ich
danke. Mein Schlaf hat den Gaukler* verabschiedet und
einen Propheten in Dienst genommen, der zeigt mir mit 10
seinem Blutfinger häßliche Dinge, und ich weiß nicht,
wie's kommt, alles scheint mir jetzt möglich. Hu, mich
schaudert's vor der Zukunft wie vor einem Glas Wasser,
das man durchs Mikroskop – ist's richtig, Herr Kantor?
Er hat mir's oft genug vorbuchstabiert! – betrachtet hat. 15
Ich tat's einmal ⌐in Nürnberg auf der Messe⌐ und mochte
den ganzen Tag nicht mehr trinken! Den lieben Karl sah
ich in der letzten Nacht mit einer Pistole in der Hand, als
ich den Schützen näher ins Auge faßte, drückte er ab; ich
hörte einen Schrei, aber vor Pulverdampf konnt ich 20
nichts sehen, auch als der Dampf sich verzog, erblickte
ich keinen zerschmetterten Schädel, aber mein Herr
Sohn war inzwischen ein reicher Mann geworden, er
stand und zählte Goldstücke von einer Hand in die andere, und er hatte ein Gesicht – hol mich der Teufel, man 25
kann's nicht ruhiger haben, wenn man den ganzen Tag
arbeitete und nun die Werkstatt hinter sich abschließt.
Nun davor könnte man aufpassen! Man könnte Gericht
halten und sich nachher selbst vor den höchsten Richter
stellen. 30

KLARA Werd Er doch wieder ruhig!

MEISTER ANTON Werd Er doch wieder gesund! Warum ist
Er krank! Ja, Arzt, reich mir nur den Trank der Gene-
sung! Dein Bruder ist der schlechteste Sohn, werde du
die beste Tochter! Wie ein nichtswürdiger Bankerottie- 35

Zweiter Akt

rer* steh ich vor dem Angesicht der Welt, einen braven
Mann, der in die Stelle dieses Invaliden treten könne,
war ich ihr schuldig, mit einem Schelm* hab ich sie be-
trogen. Werde du ein Weib, wie deine Mutter war, dann

Hier: durch-
triebener,
betrügerischer
Mensch

5 wird man sprechen: »An den Eltern hat's nicht gelegen,
daß der Bube abseits ging, denn die Tochter wandelt den
rechten Weg und ist allen andern voraus.« *Mit schrecklicher Kälte* Und ich will das Meinige dazu tun, ich will
dir die Sache leichter machen als den übrigen. In dem
10 Augenblick, wo ich bemerke, daß man auch auf dich mit
Fingern zeigt, werd ich – *mit einer Bewegung an den
Hals* – mich rasieren, und dann, d a s   s c h w ö r   i c h   d i r
z u , rasier ich den ganzen Kerl weg, du kannst sagen, es
sei aus Schreck geschehen, weil auf der Straße ein Pferd
15 durchging oder weil die Katze auf dem Boden einen
Stuhl umwarf oder weil mir eine Maus an den Beinen
hinauflief. Wer mich kennt, wird freilich den Kopf dazu
schütteln, denn ich bin nicht sonderlich schreckhaft,
aber was tut's? Ich kann's in einer Welt nicht aushalten,
20 wo die Leute mitleidig sein müßten, wenn sie nicht vor
mir ausspucken sollen.

KLARA Barmherziger Gott, was soll ich tun!

MEISTER ANTON Nichts, nichts, liebes Kind, ich bin zu hart
gegen dich, ich fühl's wohl, nichts, bleib nur, was du
25 bist, dann ist's gut! Oh, ich hab so groß Unrecht erlitten,
daß ich Unrecht tun muß, um nicht zu erliegen, wenn's
mich so recht anfaßt. Sieh, ich gehe vorhin über die
Straße, da kommt der Pockenfritz daher, der Gaudieb*,

Gauner

den ich vor Jahren ins Loch* stecken ließ, weil er zum

Gefängnis

30 drittenmal lange Finger bei mir gemacht* hatte. Früher

gestohlen

wagte der Halunke nicht, mich anzusehen, jetzt trat er
frech auf mich zu und reichte mir die Hand. Ich wollte
ihm einen hinter die Ohren geben, aber ich besann mich
und spuckte nicht einmal aus, wir sind ja Vettern ⌈seit
35 acht Tagen⌉, und es ist billig, daß Verwandte sich grü-

ßen. Der Pfarrer, der mitleidige Mann, der mich gestern besuchte, meinte zwar, ⌐ein Mensch habe niemanden zu vertreten als sich selbst⌐ und es sei ein unchristlicher Hochmut von mir, daß ich auch noch für meinen Sohn aufkommen wolle; sonst müßte Adam es sich so gut zu 5 Gemüte ziehen wie ich. Herr, ich glaub's gern, daß es

Hier: Adam

den Frieden des Erzvaters* im Paradiese nicht mehr stört, wenn einer seiner Ururenkel zu morden oder zu rauben anfängt, aber raufte er sich nicht die Haare über

1. Sohn von Adam u. Eva, der seinen Bruder Abel erschlug

Kain*? Nein, nein, es ist zu viel! Ich könnte mich zuwei- 10 len nach meinem Schatten umsehen, ob er nicht schwär- zer geworden ist! Denn alles, alles kann ich ertragen und hab's bewiesen, nur nicht die Schande! Legt mir auf den Nacken, was ihr wollt, nur schneidet nicht den Nerv durch, der mich zusammenhält! 15

KLARA Vater, noch hat Karl ja nichts gestanden, und sie haben auch nichts bei ihm gefunden.

MEISTER ANTON Was soll mir das? Ich bin in der Stadt her- umgegangen und habe mich in den Schenken nach sei- nen Schulden erkundigt, da kam mehr zusammen, als er 20 im nächsten Vierteljahr bei mir verdient hätte, und wenn er noch dreimal so fleißig wäre, als er ist. Nun weiß ich, warum er immer zwei Stunden später Feier- abend machte als ich und warum er trotzdem auch noch vor mir aufstand, aber er sah ein, daß dies alles doch 25 nichts half, oder es war ihm zu mühevoll und dauerte ihm zu lange, da griff er zu, als die Gelegenheit sich bot.

KLARA Er glaubt von Karl immer das Schlimmste, Er hat es stets getan! Weiß Er wohl noch, wie …

MEISTER ANTON Du sprichst, wie deine Mutter sprechen 30 würde, ich will dir antworten, wie ich ihr zu antworten pflegte, ich will stillschweigen!

KLARA Und wenn Karl doch freigesprochen wird? Wenn die Juwelen sich wiederfinden?

Anwalt, Rechtsbeistand

MEISTER ANTON Dann würd ich einen Advokaten* anneh- 35

men und mein letztes Hemd daransetzen, um zu erfahren, ob der Bürgermeister den Sohn eines ehrlichen Mannes mit Recht ins Gefängnis warf oder nicht. Wär es, so würd ich mich beugen, denn was jedem widerfahren kann, das muß auch ich mir gefallen lassen, und mußte ich es zu meinem Unglück auch tausendmal teurer bezahlen als andere, es war ein Schicksal, und wenn Gott mich schlägt, so falte ich die Hände und spreche: Herr, du weißt warum! Wär es aber nicht, hätte der Mann mit der goldenen Kette um den Hals* sich übereilt, weil er an nichts dachte als daran, daß der Kaufmann, der die Juwelen vermißt, sein Schwager ist, so würde sich's finden, ob das Gesetzbuch ein Loch hat und ob der König, der wohl weiß, daß er seinen Untertanen ihre Treu und ihren Gehorsam mit Gerechtigkeit bezahlen muß und der dem Geringsten unter ihnen gewiß am wenigsten etwas schuldig bleiben will, dies Loch ungestopft ließe. Aber, das sind unnütze Reden! Der Junge wird sowenig rein aus diesem Prozeß hervorgehen wie deine Mutter lebendig aus ihrer Gruft. Von dem kommt mir nun und nimmer ein Trost, darum vergiß du nicht, was du mir schuldig bist, halte du deinen Schwur, damit ich den meinigen nicht zu halten brauche! *Er geht, kehrt aber wieder um.* Ich komme heut abend erst spät zu Hause, ich gehe ⌜zu dem alten Holzhändler ins Gebirge⌝. Das ist der einzige Mann, der mir noch, wie sonst, in die Augen sieht, weil er noch nicht von meiner Schande weiß. Er ist taub, keiner kann ihm was erzählen, ohne sich heiser zu schreien, und auch dann hört er alles verkehrt, darum erfährt er nichts. *Ab.*

Bürgermeister mit Amtskette

Zweite Szene

KLARA *allein:* O Gott, o Gott! Erbarme dich! Erbarme
dich über den alten Mann! Nimm mich zu dir! Ihm ist
nicht anders zu helfen! Sieh, der Sonnenschein liegt so
goldig auf der Straße, daß die Kinder mit Händen nach 5
ihm greifen, die Vögel fliegen hin und her, Blumen und
Kräuter werden nicht müde, in die Höhe zu wachsen.
Alles lebt, alles will leben, tausend Kranke zittern in dieser Stunde vor dir, o Tod, wer dich in der beklommenen
Nacht noch rief, weil er seine Schmerzen nicht mehr 10
ertragen konnte, der findet sein Lager jetzt wieder sanft
und weich, i c h rufe dich! Verschone den, dessen Seele
sich am tiefsten vor dir wegkrümmt, laß ihm so lange
Frist, bis die schöne Welt wieder grau und öde wird,
nimm mich für ihn! Ich will nicht schaudern, wenn du 15
mir ⌜deine kalte Hand⌝ reichst, ich will sie mutig fassen
und dir freudiger folgen, als dir noch je ein Menschen-
kind gefolgt ist.

Dritte Szene

DER ⌜KAUFMANN WOLFRAM⌝ *tritt ein:* Guten Tag, Jungfer 20
Klara, ist Ihr Vater nicht zu Hause?
KLARA Er ist eben fortgegangen.
WOLFRAM Ich komme – meine Juwelen haben sich wie-
dergefunden.
KLARA O Vater, wärst du da! Er hat seine Brille vergessen, 25
dort liegt sie! Daß er's bemerkte und umkehrte! Wie
denn? – Wo? – Bei wem?
WOLFRAM Meine Frau – Sag Sie mir aufrichtig, Jungfer*,
hat Sie nicht auch schon etwas Wunderliches über meine
Frau gehört? 30
KLARA Ja!

Junge, unver-
heiratete Frau

WOLFRAM Daß sie ... *Er deutet auf die Stirn.* Nicht
wahr?

KLARA Daß sie nicht recht bei sich ist, freilich!

WOLFRAM *ausbrechend:* Mein Gott! Mein Gott! Alles umsonst! Keinen Dienstboten, den ich einmal in mein Haus
nahm, hab ich wieder von mir gelassen, jedem habe ich
doppelten Lohn gegeben und zu allen Nachlässigkeiten
die Augen zugedrückt, um mir ihr Stillschweigen zu erkaufen, dennoch – die falschen, undankbaren Kreatu-
ren! O meine armen Kinder! Bloß euretwegen suchte
ich's zu verbergen!

KLARA Schelt Er Seine Leute nicht! Die sind gewiß unschuldig! Seit das Nachbarhaus abbrannte und Seine
Frau aus dem geöffneten Fenster dazu lachte und in die
Hände klatschte, ja sogar mit vollen Backen ins Feuer
hinüberblies, als wollte sie es noch mehr anfachen, seit-
dem hatte man nur die Wahl, ob man sie für einen Teufel
oder für eine Verrückte halten wollte. Und das haben
Hunderte gesehen.

WOLFRAM Es ist wahr. Nun, da die ganze Stadt mein Unglück kennt, so wäre es töricht, wenn ich Ihr das Versprechen abfordern wollte, es zu verschweigen. Höre Sie
denn! Den Diebstahl, wegen dessen Ihr Bruder im Gefängnis sitzt, hat der Wahnsinn begangen!

KLARA Seine eigne Frau ...

WOLFRAM Daß sie, die früher die edelste, mitleidigste Seele
von der Welt war, boshaft und schadenfroh geworden
ist, daß sie jauchzt und jubelt, wenn vor ihren Augen ein
Unglück geschieht, wenn die Magd ein Glas zerbricht
oder sich in den Finger schneidet, wußte ich längst; daß
sie aber auch Sachen im Hause auf die Seite bringt, Geld
versteckt, Papiere zerreißt, das habe ich leider zu spät
erfahren, erst heute mittag. Ich hatte mich aufs Bett ge-
legt und wollte eben einschlafen, da bemerkte ich, daß
sie sich mir leise näherte und mich scharf betrachtete, ob

ich schon schliefe. Ich schloß die Augen fester, da nahm sie aus meiner über den Stuhl gehängten Weste den Schlüssel, öffnete den Sekretär, griff nach einer Goldrolle, schloß wieder zu und trug den Schlüssel zurück. Ich entsetzte mich, doch ich hielt an mich, um sie nicht 5 zu stören, sie verließ das Zimmer, ich schlich ihr auf den Zehen nach. Sie stieg zum obersten Boden hinauf und warf die Goldrolle in eine alte Kiste hinein, die noch vom Großvater her leer dasteht, dann sah sie sich scheu nach allen Seiten um und eilte, ohne mich zu bemerken, 10 wieder fort. Ich zündete einen ⌈Wachsstock⌉ an und durchsuchte die Kiste, da fand ich die Spielpuppe meiner jüngsten Tochter, ein Paar Pantoffeln der Magd, ein Handlungsbuch*, Briefe und leider, oder gottlob, wie soll ich sagen, ganz unten auch die Juwelen! 15

Buch, in dem Geschäftsvorgänge aufgezeichnet werden

KLARA O meine arme Mutter! Es ist doch zu schändlich!

WOLFRAM Gott weiß, ich würde den Schmuck darum geben, könnt ich ungeschehen machen, was geschehen ist! Aber nicht ich bin schuld! Daß mein Verdacht, bei aller Achtung vor Ihrem Vater, auf Ihren Bruder fiel, war na- 20 türlich, er hatte den Sekretär poliert, und mit ihm waren die Juwelen verschwunden, ich bemerkte es fast augenblicklich, denn ich mußte aus dem Fach, worin sie lagen, Papiere herausnehmen. Doch es fiel mir nicht ein, gleich strenge Maßregeln gegen ihn zu ergreifen, ich teilte die 25 Sache nur vorläufig dem Gerichtsdiener Adam mit und ersuchte ihn, ganz in der Stille Nachforschungen anzustellen, aber dieser wollte von keiner Schonung wissen, er erklärte mir, er müsse und werde den Fall auf der Stelle anzeigen, denn Ihr Bruder sei ein Säufer und 30 Schuldenmacher, und er gilt bei dem Bürgermeister leider so viel, daß er durchsetzen kann, was er will. Der Mann scheint bis aufs äußerste gegen Ihren Vater aufgebracht zu sein, ich weiß nicht, warum, es war nicht möglich, ihn zu beschwichtigen, er hielt sich die Ohren zu 35

Zweiter Akt

und rief, als er fortrannte: »Wenn Er mir den Schmuck geschenkt hätte, ich wäre nicht so vergnügt wie jetzt!«

KLARA Der Gerichtsdiener hat im Wirtshaus einmal sein Glas neben das meines Vaters auf den Tisch gestellt und

5 ihm dabei zugenickt, als ob er ihn zum Anstoßen auffordern wolle. Da hat mein Vater das seinige weggenommen und gesagt: »Leute im roten Rock mit blauen Aufschlägen mußten ehemals aus Gläsern mit hölzernen Füßen trinken, auch mußten sie draußen vor dem Fenster

10 oder, wenn's regnete, vor der Tür stehenbleiben und bescheiden den Hut abziehen, wenn der Wirt ihnen den Trunk reichte; wenn sie aber ein Gelüsten* trugen, mit jemandem anzustoßen, so warteten sie, bis der ⌈Gevatter Fallmeister⌉ vorüberkam.« Gott! Gott! Was ist alles

15 möglich auf der Welt! Das hat meine Mutter mit einem jähen Tode bezahlen müssen!

WOLFRAM Man soll keinen reizen, und die Schlimmen am wenigsten! Wo ist Ihr Vater?

KLARA Im Gebirg beim Holzhändler.

20 WOLFRAM Ich reite hinaus und such ihn auf. Beim Bürgermeister war ich schon, leider traf ich ihn nicht daheim, sonst würde Ihr Bruder schon hier sein, aber der Sekretär hat sogleich einen Boten abgefertigt, Sie wird ihn noch vor Abend sehen. *Ab.*

25 Vierte Szene

KLARA *allein:* Nun sollt ich mich freuen! Gott, Gott! Und ich kann nichts denken, als: Nun bist du's allein! Und doch ist mir zumut, als müsse mir gleich etwas einfallen, das alles wiedergutmacht!

Fünfte Szene

DER SEKRETÄR *tritt ein:* Guten Tag!

KLARA *hält sich an einem Stuhl, als sollte sie umfallen:* Der!
Oh, wenn der nicht zurückgekommen wäre …

SEKRETÄR Der Vater ist nicht zu Hause? 5

KLARA Nein!

SEKRETÄR Ich bringe eine fröhliche Botschaft. Ihr Bruder –
Nein, Klara, ich kann in diesem Ton nicht mit dir reden,
mir deucht*, Tische, Stühle, Schränke, all die alten Bekannten – Guten Tag, du! *Er nickt einem Schrank zu.* 10
Wie geht's? Du hast dich nicht verändert! – um die wir
als Kinder so oft herumgehüpft sind, werden die Köpfe
zusammenstecken und den Narren ausspotten, wenn
ich nicht schnell einen anderen anschlage. Ich muß du zu
dir sagen wie ehemals; wenn's dir nicht gefällt, so denke: 15
Der große Junge träumt, ich will ihn aufwecken und vor
ihn hintreten und mich – *mit Gebärden* – hoch aufrich-
ten, damit er sieht, daß er kein kleines Kind mehr vor
sich hat – das war dein Maß im elften Jahr! *Er deutet auf
einen Schrammstrich* in der Tür –,* sondern ein gehörig 20
erwachsenes Mädchen, das den Zucker auch dann erreichen kann, wenn er auf den Schrank gestellt wird. Du
weißt doch noch? Das war der Platz, die feste Burg, wo
er auch unverschlossen vor uns sicher war. Wir vertrie-
ben uns, wenn er dort stand, die Zeit gewöhnlich mit 25
Fliegenklatschen, weil wir den Fliegen, die lustig ab- und
zuflogen, das unmöglich gönnen konnten, was wir
selbst nicht zu erlangen wußten.

KLARA Ich dächte, man vergäße solche Dinge, wenn man
hundert und tausend Bücher durchstudieren müßte. 30

SEKRETÄR Man vergißt's auch! Freilich, was vergißt man
nicht über ⌐Justinian⌐ und ⌐Gajus⌐! Die Knaben, die sich
so hartnäckig gegen das Abc wehren, wissen wohl,
warum; sie haben eine Ahnung davon, daß, wenn sie

es scheint mir

Holzkerbe

sich nur mit der Fibel* nicht einlassen, sie mit der Bibel nie Händel bekommen* können! Aber schändlich genug, man verführt die unschuldigen Seelen, man zeigt ihnen hinten ⌜den roten Hahn mit dem Korb voll Eier⌝,
5 da sagen sie von selbst Ah, und nun ist kein Haltens mehr, nun geht's reißend schnell bergunter bis zum Z und so weiter und weiter, bis sie auf einmal mitten im Corpus juris* sind und mit Grausen innewerden, in welche Wildnis die verfluchten vierundzwanzig Buch-
10 staben, die sich anfangs im lustigen Tanz nur zu wohlschmeckenden und ⌜wohlriechenden Worten, wie Kirsche und Rose⌝, zusammenstellten, sie hineingelockt haben!

Lesebuch für die 1. Schulklasse

in Konflikt geraten

Gesetzbuch, Gesetzessammlung

KLARA Und wie wird's dann gemacht? *Abwesend, ohne*
15 *allen Anteil.*

SEKRETÄR Darin sind die Temperamente verschieden. Einige arbeiten sich durch. Die kommen gewöhnlich in drei bis vier Jahren wieder ans Tageslicht, sind dann aber etwas mager und blaß, das muß man ihnen nicht
20 übelnehmen. Zu diesen gehöre ich. Andere legen sich in der Mitte des Waldes nieder, sie wollen bloß ausruhen, aber sie stehen selten wieder auf. Ich habe selbst einen Bekannten, der nun schon drei Jahre im Schatten der ⌜Lex Julia⌝ sein Bier trinkt, er hat sich den Platz des Na-
25 mens wegen ausgesucht, der ruft ihm angenehme Erinnerungen zurück. Noch andere werden desparat* und kehren um. Die sind die Dümmsten, denn man läßt sie nur unter der Bedingung aus dem einen Dickicht heraus, daß sie sich spornstreichs* wieder in ein anderes hinein-
30 begeben. Und da gibt's einige, die noch schrecklicher sind, die gar kein Ende haben! *Für sich* Was man alles schwätzt, wenn man etwas auf dem Herzen hat und es nicht herauszubringen weiß!

desperat: aussichtslos, verzweifelt

unverzüglich

KLARA Alles ist heute lustig und munter, das macht der
35 schöne Tag!

SEKRETÄR Ja, bei solchem Wetter fallen die Eulen aus dem
Nest, die Fledermäuse bringen sich um, weil sie fühlen,
daß der Teufel sie gemacht hat, der Maulwurf bohrt sich
so tief in die Erde ein, daß er den Weg zurück nicht mehr
findet und jämmerlich ersticken muß, wenn er sich nicht   5
bis zur anderen Seite durchfrißt und in Amerika wieder
zum Vorschein kommt. Heute tut jede Kornähre einen
doppelten Schuß, und jede Mohnblume wird noch einmal so rot wie sonst, wenn auch nur aus Scham, daß sie's
noch nicht ist. Soll der Mensch zurückbleiben? Soll er   10
den lieben Gott um den einzigen Zins betrügen, den
seine Welt ihm abwirft, um ein fröhlich Gesicht und um
ein helles Auge, das all die Herrlichkeit abspiegelt und
verklärt zurückgibt? Wahrhaftig, wenn ich des Morgens

Stubenhocker

diesen oder jenen Hocker* aus seiner Tür hervorschlei-   15
chen sehe, die Stirn in Falten heraufgezogen und den
Himmel anglotzend wie einen Bogen Löschpapier, dann
denk ich oft: Es gibt gleich Regen, Gott muß, er kann
nicht umhin, den Wolkenvorhang niederlassen, um sich
nur über die Fratze nicht zu ärgern. Man sollte die Kerls   20

Vergnügungs-
touren

als Hintertreiber von Lustpartien*, als Verderber des
Erntewetters vor Gericht belangen können. Wodurch
willst du denn für das Leben danken, als dadurch, daß
du lebst? Jauchze, Vogel, sonst verdienst du die Kehle
nicht!   25

KLARA Ach, das ist so wahr, so wahr – ich könnte gleich zu
weinen anfangen!

SEKRETÄR Es ist nicht gegen dich gesagt, daß du seit acht
Tagen schwerer atmest wie sonst, begreif ich wohl, ich
kenne deinen Alten. Aber gottlob, ich kann deine Brust   30
wieder frei machen, und eben darum bin ich hier. Du
wirst deinen Bruder noch heut abend wiedersehen, und
nicht auf ihn, sondern auf die Leute, die ihn ins Gefängnis geworfen haben, wird man mit Fingern zeigen. Verdient das einen Kuß, einen schwesterlichen, wenn's   35

denn kein anderer sein darf? Oder wollen wir ⌈Blinde-
kuh⌉ darum spielen? Wenn ich dich nicht in zehn Minuten hasche, so geh ich leer aus und bekomm noch
einen Backenstreich* obendrein.

Ohrfeige

5 KLARA *für sich:* Mir ist, als wär ich auf einmal tausend
Jahr alt geworden und nun stünde die Zeit über mir still,
ich kann nicht zurück und auch nicht vorwärts. Oh,
dieser festgenagelte Sonnenschein und all die Heiterkeit
um mich her!

10 SEKRETÄR Du antwortest mir nicht. Freilich, das vergaß
ich, du bist Braut! O Mädchen, warum hast du mir das
getan! Und doch – habe ich ein Recht, mich zu bekla-
gen? Sie ist, wie alles Liebe und Gute, alles Liebe und
Gute hätte mich an sie erinnern sollen, dennoch war sie
15 jahrelang für mich wie nicht mehr in der Welt. Dafür hat
sie ... Wär's nur wenigstens ein Kerl, vor dem man die
Augen niederschlagen müßte! Aber dieser Leonhard ...

KLARA *plötzlich, wie sie den Namen hört:* Ich muß zu ihm
– Das ist's ja, ich bin nicht mehr die Schwester eines
20 Diebes – o Gott, was will ich denn noch? Leonhard wird
und muß ... Er braucht ja bloß kein Teufel zu sein, und
alles ist wie vorher! *Schaudernd* Wie vorher! – *Zum Sekretär* Nimm's nicht übel, Friedrich! – Warum werden
mir die Beine auf einmal so schwer?

25 SEKRETÄR Du willst ...

KLARA Zu Leonhard, wohin denn sonst! Nur den einen
Weg hab ich auf dieser Welt noch zu machen!

SEKRETÄR So liebst du ihn? Dann ...

KLARA *wild:* Lieben? Er oder der Tod! Wundert's wen, daß
30 ich ihn wähle? Ich tät's nicht, dächt ich an mich allein!

SEKRETÄR Er oder der Tod? Mädchen, so spricht die Verzweiflung, oder ...

KLARA Mach mich nicht rasend! Nenne das Wort nicht
mehr! Dich! Dich lieb ich! Da! Da! Ich ruf's dir zu, als ob
35 ich schon jenseits des Grabes wandelte, wo niemand

mehr rot wird, wo sie alle nackt und frierend aneinander vorbeischleichen, weil Gottes furchtbar heilige Nähe in jedem den Gedanken an die anderen bis auf die Wurzel weggezehrt hat!

SEKRETÄR Mich? Noch immer mich? Klara, ich hab's ge- ahnt, als ich dich draußen im Garten sah!

KLARA Hast du? Oh, der andere auch! *Dumpf, als ob sie allein wäre* Und er trat vor mich hin! Er oder ich! Oh, mein Herz, mein verfluchtes Herz! Um ihm, um mir selbst zu beweisen, daß es nicht so sei, oder um's zu ersticken, wenn's so wäre, tat ich, was mich jetzt ... *In Tränen ausbrechend* Gott im Himmel, ich würde mich erbarmen, wenn ich du wäre und du ich!

SEKRETÄR Klara, werde mein Weib! Ich kam zu dir, um dir noch einmal auf die alte Weise ins Auge zu sehen. Hät- test du den Blick nicht verstanden, ich würde mich, ohne zu reden, wieder entfernt haben. Jetzt biet ich dir alles an, was ich bin und was ich habe. Es ist wenig, aber es kann mehr werden. Längst wäre ich hier gewesen, doch deine Mutter war krank, dann starb sie.

Klara lacht wahnsinnig.

SEKRETÄR Fasse Mut, Mädchen! Der Mensch hat dein Wort. Das ängstigt dich. Und freilich ist's verflucht. Wie konntest du ...

KLARA O frag noch, was alles zusammenkommt, um ein armes Mädchen verrückt zu machen! Spott und Hohn von allen Seiten, als du auf die Akademie gezogen warst und nichts mehr von dir hören ließest. Die denkt noch an den! – Die glaubt, daß Kindereien ernsthaft gemeint waren! – Erhält sie Briefe? – Und dann die Mutter! Halte dich zu deinesgleichen! Hochmut tut nimmer gut! Der Leonhard ist doch recht brav, alle wundern sich, daß du ihn über die Achsel ansiehst. Dazu mein eignes Herz. Hat er dich vergessen, zeig ihm, daß auch du ... o Gott!

SEKRETÄR Ich bin schuld. Ich fühl's. Nun, was schwer ist,

ist darum nicht unmöglich. Ich schaff dir dein Wort zurück. Vielleicht ...

KLARA Oh mein Wort – da! *Sie wirft ihm Leonhards Brief hin.*

5 SEKRETÄR *liest:* Ich als Kassierer – Dein Bruder – Dieb – sehr leid – aber ich kann nicht umhin, aus Rücksicht auf mein Amt ... *Zu Klara* Das schrieb er dir denselben Tag, wo deine Mutter starb? Er bezeugt dir ja zugleich sein Beileid über ihren jähen Tod!

10 KLARA Ich glaube, ja!

SEKRETÄR Daß dich! Lieber Gott, die Katzen, Schlangen und sonstigen Scheusale, die dir bei der Schöpfung so zwischen den Fingern durchgeschlüpft sind, haben Beelzebubs* Wohlgefallen erregt, er hat sie dir nachgemacht,

15 aber er hat sie besser herausgeputzt wie du, er hat sie in Menschenhaut gesteckt, und nun stehen sie mit deinen Menschen in Reih und Glied, und man erkennt sie erst, wenn sie kratzen und stechen! *Zu Klara* Aber es ist ja gut, es ist ja vortrefflich! *Er will sie umarmen.* Komm! Für

20 ewig! Mit diesem Kuß ...

KLARA *sinkt an ihn:* Nein, nicht für ewig, nur daß ich nicht umfalle, aber keinen Kuß!

SEKRETÄR Mädchen, du liebst ihn nicht, du hast dein Wort zurück ...

25 KLARA *dumpf, sich wieder aufrichtend:* Und ich muß doch zu ihm, ich muß mich auf Knien vor ihm niederwerfen und stammeln: Sieh die weißen Haare meines Vaters an, nimm mich!

SEKRETÄR Unglückliche, versteh ich dich?

30 KLARA Ja.

SEKRETÄR Darüber kann kein Mann weg! Vor dem Kerl, dem man ins Gesicht spucken möchte, die Augen niederschlagen müssen? *Er preßt Klara wild an sich.* Ärmste! Ärmste!

35 KLARA Geh nun, geh!

Der Oberste der Teufel (vgl. Mk 3,22)

SEKRETÄR *für sich, brütend:* Oder man müßte den Hund, der's weiß, aus der Welt wegschießen! Daß er Mut hätte! Daß er sich stellte! Daß man ihn zwingen könnte! Ums Treffen wär mir nicht bange!

KLARA Ich bitte dich! 5

SEKRETÄR *indem er geht:* Wenn's dunkel wird! *Er kehrt wieder um und faßt Klaras Hand.* Mädchen, du stehst vor mir ... *Er wendet sich ab.* Tausende ihres Geschlechts hätten's klug und listig verschwiegen und es erst dem Mann in einer Stunde süßer Vergessenheit in 10 Ohr und Seele geschmeichelt! Ich fühle, was ich dir schuldig bin! *Ab.*

Sechste Szene

KLARA *allein:* Zu! Zu, mein Herz! Quetsch dich in dich ein, daß auch kein Blutstropfe mehr heraus kann, der in 15 den Adern das gefrierende Leben wieder entzünden will. Da hatte sich wieder was wie eine Hoffnung in dir auf getan! Jetzt erst merk ich's! Ich dachte ... *Lächelnd* Nein, darüber kann kein Mann weg! Und wenn ... Könntest du selbst darüber hinweg? Hättest du den Mut 20 eine Hand zu fassen, die ... Nein, nein, diesen schlechten Mut hättest du nicht! Du müßtest dich selbst einriegeln in deine Hölle, wenn man dir von außen die Tore öffnen wollte – du bist für ewig ... Oh, daß das aussetzt, daß das nicht immer so fort bohrt, daß zuweilen ein Auf- 25 hören ist! Nur darum dauert's lange! Der Gequälte glaubt auszuruhen, weil der Quäler einhalten muß, um Odem* zu schöpfen; es ist ein Aufatmen wie des Ertrinkenden auf den Wellen, wenn der Strudel, der ihn hinunterzieht, ihn noch einmal wieder ausspeit, um ihn 30 gleich wieder aufs neue zu fassen, er hat nichts davon als den zwiefachen Todeskampf!

Atem [margin note for *Odem*]

Nun, Klara? Ja, Vater, ich gehe, ich gehe! Deine Tochter wird dich nicht zum Selbstmord treiben! Ich bin bald das Weib des Menschen, oder ... Gott, nein! Ich bettle ja nicht um ein Glück, ich bettle um mein Elend, um mein tiefstes Elend – mein Elend wirst du mir geben! Fort – wo ist der Brief? *Sie nimmt ihn.* Drei Brunnen triffst du auf dem Weg zu ihm – daß du mir an keinem stehenbleibst! Noch hast du nicht das Recht dazu! *Ab.*

Dritter Akt

Zimmer bei Leonhard

Erste Szene

LEONHARD *an einem Tisch mit Akten, schreibend:* Das
wäre nun der sechste Bogen nach Tisch! Wie fühlt sich 5
der Mensch, wenn er seine Pflicht tut! Jetzt könnte mir
in die Tür treten, wer wollte, und wenn's der König wäre
– ich würde aufstehen, aber ich würde nicht in Verlegenheit geraten! Einen nehm ich aus, das ist der alte
Tischler! Aber im Grunde kann auch der mir wenig ma- 10
chen! Die arme Klara! Sie dauert mich, ich kann nicht
ohne Unruhe an sie denken! Daß der eine verfluchte
Abend nicht wäre! Es war in mir wirklich mehr die Ei-
fersucht als die Liebe, die mich zum Rasen brachte, und
sie ergab sich gewiß nur darein, um meine Vorwürfe zu 15
widerlegen, denn sie war kalt gegen mich wie der Tod.
Ihr stehen böse Tage bevor, nun, auch ich werde noch
Ärger   viel Verdruß* haben! Trage jeder das Seinige! Vor allen
Dingen ⌐die Sache mit dem kleinen Buckel⌐ nur recht
festgemacht, damit die mir nicht entgeht, wenn das Ge- 20
witter ausbricht! Dann hab ich den Bürgermeister auf
meiner Seite und brauche vor nichts bange zu sein!

Zweite Szene

KLARA *tritt ein:* Guten Abend, Leonhard!
LEONHARD Klara? *Für sich* Das hätt ich nun nicht mehr 25
erwartet! *Laut* Hast du meinen Brief nicht erhalten?
Doch – du kommst vielleicht für deinen Vater und willst

die Steuer bezahlen! Wieviel ist es nur? *In einem Journal* blätternd* Ich sollte es eigentlich aus dem Kopf wissen!

Rechnungsbuch (urspr. Tagebuch)

KLARA Ich komme, um dir deinen Brief zurückzugeben!
5 Hier ist er! Lies ihn noch einmal!

LEONHARD *liest mit großem Ernst:* Es ist ein ganz vernünftiger Brief! Wie kann ein Mann, dem die öffentlichen Gelder anvertraut sind, in eine Familie heiraten, zu der – *er verschluckt ein Wort* – zu der dein Bruder gehört?

10 KLARA Leonhard!

LEONHARD Aber vielleicht hat die ganze Stadt unrecht? Dein Bruder sitzt nicht im Gefängnis? Er hat nie im Gefängnis gesessen? Du bist nicht die Schwester eines – deines Bruders?

15 KLARA Leonhard, ich bin die Tochter meines Vaters, und nicht als Schwester eines unschuldig Verklagten, der schon wieder freigesprochen ist, denn das ist mein Bruder, nicht als Mädchen, das vor unverdienter Schande zittert, denn – *halblaut* – ich zittre noch mehr vor dir,
20 nur als Tochter des alten Mannes, der mir das Leben gegeben hat, stehe ich hier!

LEONHARD Und du willst?

KLARA Du kannst fragen? Oh, daß ich wieder gehen dürfte! Mein Vater schneidet sich die Kehle ab, wenn ich
25 ... heirate mich!

LEONHARD Dein Vater ...

KLARA Er hat's geschworen! Heirate mich!

LEONHARD Hand und Hals sind nahe Vettern. Sie tun einander nichts zuleide! Mach dir keine Gedanken!

30 KLARA Er hat's geschworen ... heirate mich, nachher bring mich um, ich will dir für das eine noch dankbarer sein wie für das andere!

LEONHARD Liebst du mich? Kommst du, weil dich dein Herz treibt? Bin ich der Mensch, ohne den du nicht leben und sterben kannst?

KLARA Antworte dir selbst!

LEONHARD Kannst du schwören, daß du mich liebst? Daß du mich so liebst, wie ein Mädchen den Mann lieben muß, der sich auf ewig mit ihr verbinden soll?

KLARA Nein, das kann ich nicht schwören! Aber dies kann ich schwören: Ob ich dich liebe, ob ich dich nicht liebe, nie sollst du's erfahren! Ich will dir dienen, ich will für dich arbeiten, und zu essen sollst du mir nichts geben, ich will mich selbst ernähren, ich will bei Nachtzeit nähen und spinnen für andere Leute, ich will hungern, wenn ich nichts zu tun habe, ich will lieber in meinen eignen Arm hineinbeißen als zu meinem Vater gehen, damit er nichts merkt. Wenn du mich schlägst, weil dein Hund nicht bei der Hand ist oder weil du ihn abgeschafft hast, so will ich eher meine Zunge verschlucken, als ein Geschrei ausstoßen, das den Nachbaren verraten könnte, was vorfällt. Ich kann nicht versprechen, daß meine Haut die Striemen deiner ⌜Geißel⌝ nicht zeigen soll, denn das hängt nicht von mir ab, aber ich will lügen, ich will sagen, daß ich mit dem Kopf gegen den Schrank gefahren oder daß ich auf dem Estrich*, weil er zu glatt war, ausgeglitten bin, ich will's tun, bevor noch einer fragen kann, woher die blauen Flecke rühren. Heirate mich – ich lebe nicht lange. Und wenn's dir doch zu lange dauert und du die Kosten der Scheidung nicht aufwenden magst, um von mir loszukommen, so kauf Gift aus der Apotheke und stell's hin, als ob's für deine Ratten wäre, ich will's, ohne daß du auch nur zu winken brauchst, nehmen und im Sterben zu den Nachbaren sagen, ich hätt's für zerstoßenen Zucker gehalten!

LEONHARD Ein Mensch, von dem du dies alles erwartest, überrascht dich doch nicht, wenn er nein sagt?

KLARA So schaue Gott mich nicht zu schrecklich an, wenn ich komme, ehe er mich gerufen hat! War's um mich allein – ich wollt's ja tragen, ich wollt's geduldig hin-

Fußboden-
belag

nehmen, als verdiente Strafe für, ich weiß nicht was, wenn die Welt mich in meinem Elend mit Füßen träte, statt mir beizustehen, ich wollte mein Kind, und wenn's auch die Züge dieses Menschen trüge, lieben, ach, und ich wollte vor der armen Unschuld so viel weinen, daß es, wenn's älter und klüger würde, seine Mutter gewiß nicht verachten noch ihr fluchen sollte. Aber ich bin's nicht allein, und leichter find ich am Jüngsten Tag noch eine Antwort auf des Richters Frage: »Warum hast du dich selbst umgebracht?« als auf die: »Warum hast du deinen Vater so weit getrieben?«

LEONHARD Du sprichst, als ob du die erste und letzte wärst! Tausende haben das vor dir durchgemacht, und sie ergaben sich darein, Tausende werden nach dir in den Fall kommen und sich in ihr Schicksal finden: Sind die alle Nickel*, daß du dich für dich allein in die Ecke stellen willst? Die hatten auch Väter, die ein Schock* neue Flüche erfanden, als sie's zuerst hörten, und von Mord und Totschlag sprachen; nachher schämten sie sich und taten Buße für ihre Schwüre und Gotteslästerungen, sie setzten sich hin und wiegten das Kind oder wedelten ihm die Fliegen ab!

KLARA Oh, ich glaub's gern, daß du nicht begreifst, wie irgendeiner in der Welt seinen Schwur halten sollte!

25 Dritte Szene

EIN KNABE *tritt ein:* Da sind Blumen! Ich soll nicht sagen, wovon!

LEONHARD ⌜Ei, die lieben Blumen!⌝ *Schlägt sich vor die Stirn.* Teufel! Teufel! Das ist dumm! Ich hätte welche schicken sollen! Wie hilft man sich da heraus? Auf solche Dinge versteh ich mich schlecht, und die Kleine nimmt's genau, sie hat an nichts anderes zu denken! *Er*

Schimpfwort i.S.v. ›Wicht‹, ›Krüppel‹ oder ›Hure‹

Sechzig Stück; hier i.S.v. einer unbestimmten Menge

nimmt die Blumen. Alle behalt ich sie aber nicht! *Zu
Klara* Nicht wahr, ⌈die da bedeuten Reue und Scham⌉?
Hast du mir das nicht einmal gesagt? *Klara nickt.*

LEONHARD *zum Knaben:* Merk dir's, Junge, die sind für
mich, ich stecke sie an, siehst du, hier, wo das Herz ist! 5
⌈Diese, die dunkelroten⌉, die wie ein düsteres Feuer bren-
nen, trägst du zurück. Verstehst du? Wenn meine Äpfel
reif sind, kannst du dich melden!

KNABE Das ist noch lange hin! *Ab.*

Vierte Szene   10

LEONHARD Ja, siehst du, Klara, du sprachst von Worthal-
ten. Eben weil ich ein Mann von Wort bin, muß ich dir
antworten, wie ich dir geantwortet habe. Dir schrieb ich
vor acht Tagen ab, du kannst es nicht leugnen, der Brief
liegt da. *Er reicht ihr den Brief, sie nimmt ihn mecha-* 15
nisch. Ich hatte Grund, dein Bruder ... Du sagst, er ist
freigesprochen, es freut mich! In diesen acht Tagen
knüpfte ich ein neues Verhältnis an; ich hatte das ⌈Recht⌉
dazu, denn du hast nicht zur rechten Zeit gegen meinen
Brief protestiert, ich war frei in meinem Gefühl wie vor 20
dem Gesetz. Jetzt kommst du, aber ich habe schon ein
Wort gegeben und eins empfangen, ja – *für sich* – ich
wollt, es wär so – die andere ist schon mit dir in gleichem
Fall, du dauerst mich – *er streicht ihr die Locken zurück,
sie läßt es geschehen, als ob sie es gar nicht bemerkte –,* 25
aber du wirst einsehen – mit dem Bürgermeister ist nicht
zu spaßen!

KLARA *wie geistesabwesend:* Nicht zu spaßen!

LEONHARD Siehst du, du wirst vernünftig! Und was deinen
Vater betrifft, so kannst du ihm keck ins Gesicht sagen, 30
daß er allein schuld ist! Starre mich nicht so an, schüttle
nicht den Kopf, es ist so, Mädchen, es ist so! Sag's ihm

nur, er wird's schon verstehen und in sich gehen, ich
bürge dir dafür! *Für sich* Wer die Aussteuer seiner Tochter wegschenkt, der muß sich nicht wundern, daß sie
sitzenbleibt. Wenn ich daran denke, so steift sich mir
ordentlich der Rücken, und ich könnte wünschen, der
alte Kerl wäre hier, um eine Lektion* in Empfang zu
nehmen. Warum muß ich grausam sein? Nur weil er ein
Tor* war! Was auch daraus entsteht, er hat's zu verantworten, das ist klar! *Zu Klara* Oder willst du, daß ich
selbst mit ihm rede? Dir zuliebe will ich ein blaues Auge
wagen und zu ihm gehen! Er kann grob gegen mich werden, er kann mir den Stiefelknecht* an den Kopf werfen,
aber er wird die Wahrheit, trotz des Bauchgrimmens*,
das sie ihm verursacht, hinunterknirschen und dich in
Ruhe lassen müssen. Verlaß dich darauf! Ist er zu
Hause?

KLARA *richtet sich hoch auf:* Ich danke dir! *Will gehen.*

LEONHARD Soll ich dich hinüberbegleiten? Ich habe den
Mut!

KLARA Ich danke dir, wie ich einer Schlange danken
würde, die mich umknotet hätte und mich von selbst
wieder ließe und fortspränge, weil eine andere Beute sie
lockte. Ich weiß, daß ich gebissen bin, ich weiß, daß sie
mich nur läßt, weil es ihr nicht der Mühe wert scheint,
mir das bißchen Mark aus den Gebeinen zu saugen, aber
ich danke ihr doch, denn nun hab ich einen ruhigen Tod.
Ja, Mensch, es ist kein Hohn, ich danke dir, mir ist, als
hätt ich durch deine Brust bis in den Abgrund der Hölle
hinuntergesehen, und was auch in der furchtbaren
Ewigkeit mein Los sei, mit dir hab ich nichts mehr zu
schaffen, und das ist ein Trost! Und wie der Unglückliche, den ein Wurm gestochen* hat, nicht gescholten
wird, wenn er sich in Schauder und Ekel die Adern öff-
net, damit das vergiftete Leben schnell ausströmen
kann, so wird die ewige Gnade sich vielleicht auch mein

Lehre, Strafe,
Verweis

Narr

Hilfsmittel zum
Ausziehen der
Stiefel

der Bauch-
schmerzen (im
übertragenen
Sinne)

eine Schlange
gebissen

erbarmen, wenn sie dich ansieht, und mich, was du aus
mir gemacht hast, ⌜denn warum k ö n n t ich's tun⌝, wenn
ich's nimmer, nimmer tun d ü r f t e ? Nur eins noch:
Mein Vater weiß von nichts, er ahnt nichts, und damit er
nie etwas erfährt, geh ich noch heute aus der Welt! 5
Könnt ich denken, daß du ... *Sie tut wild einen Schritt
auf ihn zu.* Doch das ist Torheit, dir kann's ja nur will-
kommen sein, wenn sie alle stehen und die Köpfe schütteln und sich umsonst fragen, warum das geschehen
ist! 10

LEONHARD Es kommen Fälle vor! Was soll man tun?
Klara!

KLARA Fort von hier! Der Mensch kann sprechen! *Sie will
gehen.*

LEONHARD Meinst du, daß ich's dir glaube? 15

KLARA Nein!

LEONHARD Du kannst gottlob nicht Selbstmörderin werden, ohne zugleich Kindesmörderin zu werden!

KLARA Beides lieber als Vatermörderin! O ich weiß, daß
man Sünde mit Sünde nicht büßt! Aber was ich jetzt tu, 20
das kommt über mich a l l e i n ! Geb ich meinem Vater
das Messer in die Hand, so trifft's ihn wie mich! Mich
trifft's immer! Dies gibt mir Mut und Kraft in all meiner
Angst! Dir wird's wohlgehen auf Erden! *Ab.*

Fünfte Szene 25

LEONHARD *allein:* Ich muß! Ich muß sie heiraten! Und
warum muß ich? Sie will einen verrückten Streich begehen, um ihren Vater von einem verrückten Streich abzu-
halten; wo liegt die Notwendigkeit, daß ich den ihrigen
durch einen noch verrückteren verhindern muß? Ich kann 30
sie nicht zugeben, wenigstens nicht eher, als bis ich den-
jenigen vor mir sehe, der mir wieder durch den allerver-

rücktesten zuvorkommen will, und wenn der ebenso denkt wie ich, so gibt's kein Ende. Das klingt ganz ge-scheut*, und doch – Ich muß ihr nach! Da kommt jemand! Gott sei Dank, nichts ist schmählicher, als sich mit seinen eigenen Gedanken abzanken müssen! Eine Rebellion im Kopf, wo man Wurm nach Wurm gebiert und einer den andern frißt oder in den Schwanz beißt, ist die schlimmste von allen!

gescheit, verständig

Sechste Szene

SEKRETÄR *tritt ein:* Guten Abend!

LEONHARD Herr Sekretär? Was verschafft mir die Ehre …

SEKRETÄR Du wirst es gleich sehen!

LEONHARD Du? Wir sind freilich Schulkameraden gewe-sen!

SEKRETÄR Und werden vielleicht auch Todeskameraden sein! *Zieht Pistolen hervor.* Verstehst du damit umzu-gehen?

LEONHARD Ich begreife Sie nicht!

SEKRETÄR *spannt eine:* Siehst du? So wird's gemacht. Dann zielst du auf mich, wie ich jetzt auf dich, und drückst ab! So!

LEONHARD Was reden Sie?

SEKRETÄR Einer von uns beiden muß sterben! Sterben. Und das sogleich!

LEONHARD Sterben?

SEKRETÄR Du weißt, warum!

LEONHARD Bei Gott nicht!

SEKRETÄR Tut nichts, es wird dir in der Todesstunde schon einfallen!

LEONHARD Auch keine Ahnung …

SEKRETÄR Besinne dich! Ich könnte dich sonst für einen

tollen Hund halten, der mein Liebstes gebissen hat, ohne
selbst etwas davon zu wissen, und dich niederschießen,
wie einen solchen, da ich dich doch noch eine halbe
Stunde lang für meinesgleichen gelten lassen muß!

LEONHARD Sprechen Sie doch nicht so laut! Wenn Sie einer   5
hörte ...

SEKRETÄR Könnte mich einer hören, du hättest ihn längst
gerufen! Nun?

LEONHARD Wenn's des Mädchens wegen ist, ich kann sie
ja heiraten! Dazu war ich schon halb und halb ent-   10
schlossen, als sie selbst hier war!

SEKRETÄR Sie war hier, und sie ist wieder gegangen, ohne
dich in Reue und Zerknirschung zu ihren Füßen gesehen
zu haben? Komm! Komm!

LEONHARD Ich bitte Sie ... Sie sehen einen Menschen vor   15
sich, der zu allem bereit ist, was Sie vorschreiben! Noch
heut abend verlobe ich mich mit ihr!

SEKRETÄR Das tu ich oder keiner. Und wenn die Welt dar-
anhinge, nicht den Saum ihres Kleides sollst du wieder
berühren! Komm! In den Wald mit mir! Aber wohl ge-   20
merkt, ich fass' dich unter den Arm, und wenn du un-
terwegs nur einen Laut von dir gibst, so ... *Er erhebt
eine Pistole.* Du wirst mir's glauben! Ohnehin nehmen
wir, damit du nicht in Versuchung kommst, den Weg
hinten zum Hause hinaus durch die Gärten!   25

LEONHARD Eine ist für mich – geben Sie mir die!

SEKRETÄR Damit du sie wegwerfen und mich zwingen
kannst, dich zu morden oder dich laufen zu lassen, nicht
wahr? Geduld, bis wir am Platz sind, dann teil ich ehrlich mit dir!   30

LEONHARD *geht und stößt aus Versehen sein Trinkglas
vom Tisch:* Soll ich nicht wieder trinken?

(franz.) Mut SEKRETÄR Courage*, mein Junge, vielleicht geht's gut,
Gott und Teufel scheinen sich ja beständig um die Welt
zu schlagen, wer weiß denn, wer gerade Herr ist! *Faßt*   35
ihn unter den Arm. Beide ab.

Zimmer im Hause des Tischlers. Abend

Siebente Szene

KARL *tritt ein:* Kein Mensch daheim! Wüßt ich das Ratten-
loch unter der Türschwelle nicht, wo sie den Schlüssel zu
5   verbergen pflegen, wenn sie alle davongehen, ich hätte
nicht hineinkönnen. Nun, das hätte nichts gemacht! Ich
könnte jetzt zwanzigmal um die Stadt laufen und mir
einbilden, es gäbe kein größeres Vergnügen auf der Welt
als die Beine zu brauchen. Wir wollen Licht anzünden!
10 *Er tut's.* Das Feuerzeug ist noch auf dem alten Platz, ich
wette, denn wir haben hier im Hause zweimal zehn Gebote. Der Hut gehört auf den dritten Nagel, nicht auf
den vierten! Um halb zehn Uhr muß man müde sein! Vor
Martini* darf man nicht frieren, nach Martini nicht   11.11.,
Fest des
Sankt Martin
15 schwitzen! Das steht in einer Reihe mit: ⌈Du sollst Gott
fürchten und lieben!⌉ Ich bin durstig! *Ruft* Mutter! Pfui!
Als ob ich's vergessen hätte, daß sie da liegt, wo auch des
Bierwirts Knecht sein Nußknackermaul nicht mehr mit
einem »Ja, Herr!« aufzureißen braucht, wenn er gerufen
20 wird! Ich habe nicht geweint, als ich die ⌈Totenglocke⌉ in
meinem finstern Turmloch hörte, aber ... Rotrock*, du   Adam, der
Gerichtsdiener
hast mich auf der Kegelbahn nicht den letzten Wurf tun
lassen, obgleich ich die Boßel* schon in der Hand hielt,   Kegelkugel
⌈ich lasse dir nicht zum letzten Atemzug Zeit⌉, wenn ich
25 dich allein treffe, und das kann heut abend noch geschehen, ich weiß, wo du um zehn zu finden bist. Nachher zu Schiff! Wo die Klara bleibt? Ich bin ebenso hung-
rig als durstig! Heut ist Donnerstag, sie haben Kalb-
fleischsuppe gegessen. Wär's Winter, so hätt's Kohl
30 gegeben, vor Fastnacht weißen, nach Fastnacht grünen!
Das steht so fest, als daß der Donnerstag wiederkehren
muß, wenn der Mittwoch dagewesen ist, daß er nicht
zum Freitag sagen kann: Geh du für mich, ich habe
wunde Füße!

Achte Szene

Klara tritt ein.

KARL Endlich! Du solltest auch nur nicht so viel küssen!
Wo sich vier rote Lippen zusammenbacken, da ist dem
Teufel eine Brücke gebaut! Was hast du da?

KLARA Wo? Was?

KARL Wo? Was? In der Hand!

KLARA Nichts!

KARL Nichts? Sind das Geheimnisse? *Er entreißt ihr Leonhards Brief.* Her damit! Wenn der Vater nicht da ist,
so ist der Bruder Vormund!

KLARA Den Fetzen hab ich festgehalten, und doch geht der
Abendwind so stark, daß er die Ziegel von den Dächern
wirft! Als ich an der Kirche vorbeiging, fiel einer dicht
vor mir nieder, so daß ich mir den Fuß daran zerstieß. O
Gott, dacht ich, noch einen, und stand still! Das wäre so
schön gewesen, man hätte mich begraben und gesagt:
Sie hat ein Unglück gehabt! Ich hoffte umsonst auf den
zweiten!

KARL *der den Brief gelesen hat:* Donner und ... Kerl, den
Arm, der das schrieb, schlag ich dir lahm! Hol mir eine
Flasche Wein! Oder ist deine Sparbüchse leer?

KLARA Es ist noch eine im Hause. Ich hatte sie heimlich für
den Geburtstag der Mutter gekauft und beiseite gestellt.
Morgen wäre der Tag ... *Sie wendet sich.*

KARL Gib sie her!

Klara bringt den Wein.

KARL Gib sie her! Karl *trinkt hastig.* Nun könnten wir
denn wieder anfangen. Hobeln, Sägen, Hämmern, dazwischen Essen, Trinken und Schlafen, damit wir im-
merfort hobeln, sägen und hämmern können, sonntags
ein Kniefall obendrein: Ich danke dir, Herr, daß ich hobeln, sägen und hämmern darf! *Trinkt.* Es lebe jeder
brave Hund, der an der Kette nicht um sich beißt! *Er
trinkt wieder.* Und noch einmal: Er lebe!

KLARA Karl, trink nicht so viel! Der Vater sagt, im Wein
sitzt der Teufel!

KARL Und der Priester sagt, ⌐im Wein sitzt der liebe Gott⌐.
Er trinkt. Wir wollen sehen, wer recht hat! Der Ge-
5 richtsdiener ist hier im Hause gewesen – wie betrug er
sich?

KLARA Wie in einer Diebsherberge. Die Mutter fiel um und
war tot, sobald er nur den Mund aufgetan hatte!

KARL Gut! Wenn du morgen früh hörst, daß der Kerl er-
10 schlagen gefunden worden ist, so fluche nicht auf den
Mörder!

KLARA Karl! Du wirst doch nicht ...

KARL Bin ich sein einziger Feind? Hat man ihn nicht schon
oft angefallen? Es dürfte schwerhalten, aus so vielen,
15 denen das Stück zuzutrauen wäre, den rechten heraus-
zufinden, wenn dieser nur nicht Stock oder Hut auf dem
Platz zurückläßt. *Er trinkt.* Wer es auch sei: Auf gutes
Gelingen!

KLARA Bruder, du redest ...

20 KARL ... Gefällt's dir nicht? Laß gut sein! Du wirst mich
nicht lange mehr sehen!

KLARA *zusammenschaudernd:* Nein!

KARL Nein? Weißt du's schon, daß ich zur See will? Kriechen mir die Gedanken auf der Stirn herum, daß du sie
25 lesen kannst? Oder hat der Alte nach seiner Art gewütet
und gedroht, mir das Haus zu verschließen? Pah! Das
wär nicht viel anders, als wenn der Gefängnisknecht mir
zugeschworen hätte: »Du sollst nicht länger im Gefängnis sitzen, ich stoße dich hinaus ins Freie!«

30 KLARA Du verstehst mich nicht!

KARL *singt:*
⌐Dort bläht ein Schiff die Segel⌐,
Frisch saust hinein der Wind!
Ja, wahrhaftig, jetzt hält mich nichts mehr an der Hobel-
35 bank fest! Die Mutter ist tot, es gibt keine mehr, die nach

jedem Sturm ⌈aufhören würde⌉, Fische zu essen, und von
Jugend auf war's mein Wunsch. Hinaus! Hier gedeih ich
nicht, oder erst dann, wenn ich's gewiß weiß, daß das
Glück dem Mutigen, der sein Leben aufs Spiel setzt, der

Münze aus Kupfer

ihm den Kupferdreier*, den er aus dem großen Schatz emp- 5
fangen hat, wieder hinwirft, um zu sehen, ob es ihn ein-
steckt oder ihn vergoldet zurückgibt, nicht mehr günstig
ist.

KLARA Und du willst den Vater allein lassen? Er ist sechzig
Jahr! 10

KARL Allein? Bleibst du ihm nicht?

KLARA Ich?

KARL Du! Sein Schoßkind! Was wächst dir für Unkraut im
Kopf, daß du fragst! Seine Freude laß ich ihm, und von
seinem ewigen Verdruß wird er befreit, wenn ich gehe, 15
warum sollt ich's denn nicht tun? Wir passen ein für
allemal nicht zusammen, er kann's nicht eng genug um
sich haben, er möchte seine Faust zumachen und hinein-
kriechen, ich möchte meine Haut abstreifen, wie den
Kleinkinderrock, wenn's nur ginge! *Singt* 20

Der Anker wird gelichtet,
Das Steuer flugs gerichtet,
Nun fliegt's hinaus geschwind!

Sag selbst, hat er auch nur einen Augenblick an meiner
Schuld gezweifelt? Und hat er in seinem überklugen: »Das 25
hab ich erwartet! Das hab ich immer gedacht! Das konnte
nicht anders enden!« nicht den gewöhnlichen Trost gefunden? Wärst du's gewesen, er hätte sich umgebracht! Ich

(uneheliche) Schwanger-schaft

möchte ihn sehen, wenn du ein Weiberschicksal* hättest!
Es würde ihm sein, als ob er selbst in die Wochen kommen 30
sollte! Und mit dem Teufel dazu!

KLARA Oh, wie das an mein Herz greift! Ja, ich muß fort,
fort!

KARL Was soll das heißen?

KLARA Ich muß in die Küche – was wohl sonst? *Faßt sich* 35 *an die Stirn.* Ja! Das noch! Darum allein ging ich ja noch wieder zu Hause! *Ab.*

KARL Die kommt mir ganz sonderbar vor! *Singt*
Ein kühner Wasservogel
5 Kreist grüßend um den Mast!

KLARA *tritt wieder ein:* Das Letzte ist getan, des Vaters Abendtrank steht am Feuer. Als ich die Küchentür hinter mir anzog und ich dachte, du trittst nun nie wieder hinein, ging mir ein Schauer durch die Seele. So werd ich
10 auch aus dieser Stube gehen, so aus dem Hause, so aus der Welt!

KARL *singt, er geht immer auf und ab, Klara hält sich im Hintergrund:*
Die Sonne brennt herunter,
15 Manch Fischlein, blank und munter,
Umgaukelt keck den Gast!

KLARA Warum tu ich's denn nicht? Werd ich's nimmer tun? Werd ich's von Tag zu Tag aufschieben, wie jetzt von Minute zu Minute, bis … Gewiß! Darum fort! –
20 Fort! Und doch bleib ich stehen! Ist's mir nicht, als ob's in meinem Schoß bittend Hände aufhöbe, als ob Augen … *Sie setzt sich auf einen Stuhl.* Was soll das? Bist du zu schwach dazu? So frag dich, ob du stark genug bist, deinen Vater mit abgeschnittener Kehle … *Sie steht auf.*
25 Nein! Nein! – Vater unser, der du bist im Himmel – Geheiliget werde dein Reich – Gott, Gott, mein armer Kopf – ich kann nicht einmal beten – Bruder! Bruder! – Hilf mir …

KARL Was hast du?

30 KLARA Das Vaterunser! *Sie besinnt sich.* Mir war, als ob ich schon im Wasser läge und untersänke, und hätte noch nicht gebetet! Ich … *Plötzlich* Vergib uns unsere Schuld, wie wir vergeben unsern Schuldigern! Da ist's! Ja! Ja! Ich vergeb ihm gewiß, ich denke ja nicht mehr an
35 ihn! Gute Nacht, Karl!

KARL Willst du schon so früh schlafen gehen? Gute
Nacht!

KLARA *wie ein Kind, das sich das Vaterunser über-
hört:* Vergib uns ...

KARL Ein Glas Wasser könntest du mir noch bringen, aber 5
es muß recht frisch sein!

KLARA *schnell:* Ich will es dir vom Brunnen holen!

KARL Nun, wenn du willst, es ist ja nicht weit!

KLARA Dank! Dank! Das war das Letzte, was mich noch
drückte! Die Tat selbst mußte mich verraten! Nun wer- 10
den sie doch sagen: Sie hat ein Unglück gehabt! Sie ist
hineingestürzt!

KARL Nimm dich aber in acht, das Brett ist wohl noch
immer nicht wieder vorgenagelt!

KLARA Es ist ja Mondschein! – O Gott, ich komme nur, 15
weil sonst mein Vater käme! Vergib mir, wie ich ... Sei
mir gnädig ... gnädig ... *Ab.*

Neunte Szene

KARL *singt:*
Wär gern hineingesprungen, 20
Da draußen ist mein Reich!
Ja! Aber vorher ... *Er sieht nach der Uhr.* Wieviel ist's?
Neun!
Ich bin ja jung von Jahren,
Da ist's mir nur ums Fahren, 25
Wohin? Das gilt mir gleich!

Poetisierung des Todes

Zehnte Szene

MEISTER ANTON *tritt ein:* Dir hätt ich etwas abzubitten,
aber wenn ich's dir verzeihe, daß du heimlich Schulden
gemacht hast und sie noch obendrein für dich bezahle,
5   so werd ich's mir ersparen dürfen!

KARL Das eine ist gut, das andere ist nicht nötig; wenn ich
meine Sonntagskleider verkaufe, kann ich die Leute, die
ein paar Taler von mir zu fordern haben, selbst befrie-
digen, und das werd ich gleich morgen tun, als Matrose –
10   *für sich* da ist's heraus! – *laut* brauch ich sie nicht mehr!

MEISTER ANTON Was sind das wieder für Reden!

KARL Er hört sie nicht zum erstenmal, aber Er mag mir
heute darauf antworten, was Er will, mein Entschluß
steht fest!

15 MEISTER ANTON Mündig bist du, es ist wahr!

KARL Eben weil ich's bin, trotz ich nicht darauf. Aber ich
denke, Fisch und Vogel sollten sich nicht darüber strei-
ten, ob's in der Luft oder im Wasser am besten ist. Nur
eins: Er sieht mich entweder nie wieder, oder Er wird
20   mich auf die Schulter klopfen und sagen: »Du hast recht
getan!«

MEISTER ANTON Wir wollen's abwarten. Ich brauche den
Gesellen, den ich für dich eingestellt habe, nicht wieder
abzulohnen*, was ist's denn weiter?   auszuzahlen

25 KARL Ich dank Ihm!

MEISTER ANTON Sag mir, hat der Gerichtsdiener, statt dich
auf dem kürzesten Weg zum Bürgermeister zu führen,
dich wirklich durch die ganze Stadt ...

KARL Straßauf, straßab, über den Markt, wie den ⌈Fast-
30   nachtsochsen⌉, aber zweifle Er nicht, auch den werd ich
bezahlen, eh ich gehe!

MEISTER ANTON Das tadle ich nicht, aber ich verbiet es
dir!

KARL Ho!

MEISTER ANTON Ich werde dich nicht aus den Augen lassen, und ich selbst, ich würde dem Kerl beispringen, wenn du dich an ihm vergreifen wolltest!

KARL Ich meinte, Er hätte die Mutter auch liebgehabt.

MEISTER ANTON Ich werd's beweisen. 5

Elfte Szene

DER SEKRETÄR *tritt bleich und wankend herein, er drückt ein Tuch gegen die Brust:* Wo ist Klara? *Er fällt auf einen Stuhl zurück.* Jesus! Guten Abend! Gott sei Dank, daß ich noch herkam! Wo ist sie? 10

KARL Sie ging zum ... Wo bleibt sie? Ihre Reden ... mir wird Angst! *Ab.*

SEKRETÄR Sie ist gerächt ... Der Bube liegt ... Aber auch ich bin ... Warum das, Gott? – Nun kann ich sie ja nicht ... 15

MEISTER ANTON Was hat Er? Was ist mit Ihm?

SEKRETÄR Es ist gleich aus! Geb Er mir die Hand darauf, daß Er Seine Tochter nicht verstoßen will ... Hört Er, nicht verstoßen, wenn sie ...

MEISTER ANTON Das ist eine wunderliche Rede. Warum 20 sollt ich sie denn ... ⌐Ha, mir gehen die Augen auf!¬ Hätt ich ihr nicht unrecht getan?

SEKRETÄR Geb Er mir die Hand!

MEISTER ANTON Nein! *Steckt beide Hände in die Tasche.* Aber ich werde ihr Platz machen, und sie weiß das, ich 25 hab's ihr gesagt!

SEKRETÄR *entsetzt:* Er hat ihr ... Unglückliche, jetzt erst versteh ich dich ganz!

KARL *stürzt hastig herein:* Vater, Vater, es liegt jemand im Brunnen! Wenn's nur nicht ... 30

MEISTER ANTON Die große Leiter her! Haken! Stricke! Was säumst du? Schnell! Und ob's der Gerichtsdiener wäre!

KARL Alles ist schon da. Die Nachbarn kamen vor mir. Wenn's nur nicht Klara ist!

MEISTER ANTON Klara? *Er hält sich an einem Tisch.*

KARL Sie ging, um Wasser zu schöpfen, und man fand ihr
5 Tuch.

SEKRETÄR Bube, nun weiß ich, warum deine Kugel traf. Sie ist's.

MEISTER ANTON Sieh doch zu! *Setzt sich nieder.* Ich kann nicht! *Karl ab.* Und doch! *Steht wieder auf.* Wenn ich ihn
10 – *zum Sekretär* – recht verstanden habe, so ist alles gut.

KARL *kommt zurück:* Klara! Tot! Der Kopf gräßlich am Brunnenrand zerschmettert, als sie ... Vater, sie ist nicht hineingestürzt, sie ist hineingesprungen, eine Magd hat's gesehen!

15 MEISTER ANTON Die soll sich's überlegen, eh sie spricht! Es – ist nicht hell genug, daß sie das mit Bestimmtheit hat unterscheiden können!

SEKRETÄR Zweifelt Er? Er möchte wohl, aber Er kann nicht! Denk Er nur an das, was Er ihr gesagt hat! Er hat
20 sie auf den Weg des Todes hinausgewiesen, ich, ich bin schuld, daß sie nicht wieder umgekehrt ist. Er dachte, als Er ihren Jammer ahnte, an die Zungen, die hinter ihm herzischeln würden, aber nicht an die Nichtswür- digkeit der Schlangen, denen sie angehören, da
25 sprach Er ein Wort aus, das sie zur Verzweiflung trieb; ich, statt sie, als ihr Herz in namenloser Angst vor mir aufsprang, in meine Arme zu schließen, dachte an den Buben, der dazu ein Gesicht ziehen könnte, und ... nun, ich bezahl's mit dem Leben, daß ich mich von einem, der
30 schlechter war als ich, so abhängig machte, und auch Er, so eisern Er dasteht, auch Er wird noch einmal sprechen: »Tochter, ich wollte doch, du hättest mir das Kopfschütteln und Achselzucken der Pharisäer um mich her nicht erspart, es beugt mich doch tiefer, daß du nun
35 nicht an meinem Sterbebett sitzen und mir den Angst- schweiß abtrocknen kannst!«

MEISTER ANTON Sie hat mir nichts erspart – man hat's ge-
    sehen!
SEKRETÄR Sie hat getan, was sie konnte – Er war's nicht
    wert, daß ihre Tat gelang!
MEISTER ANTON Oder sie nicht!   5
Tumult draußen.
KARL Sie kommen mit ihr … *Will ab.*
MEISTER ANTON *fest, wie bis zu Ende, ruft ihm nach:* In die
    Hinterstube, wo die Mutter stand!
SEKRETÄR Ihr entgegen! *Will aufstehen, fällt aber zurück.* 10
    Oh! Karl!
Karl hilft ihm auf und führt ihn ab.
MEISTER ANTON ⌐Ich verstehe die Welt nicht mehr!⌐ *Er
    bleibt sinnend stehen.*

[handwritten notes:]

eine der Kernsätze

M... Anton ist verzweifelt,
er hält an Moralischen Grundsätze fest
und wenn die nicht mehr so sind,
ist er verwirrt und versteht er es nicht

Anhang

Friedrich Hebbel, ⌜Vorwort⌝ zur Maria Magdalene, betreffend das Verhältnis der dramatischen Kunst zur Zeit und verwandte Punkte (1844)

5 [...] Das Drama, als die Spitze aller Kunst, soll den jedes-
maligen Welt- und Menschen-Zustand in seinem Verhältniß zur Idee, d. h. hier zu dem Alles bedingenden sittlichen
Centrum, das wir im Welt-Organismus, schon seiner
Selbst-Erhaltung wegen, annehmen müssen, veranschau-
10 lichen. Das Drama, d. h. das höchste, das Epoche ma-
chende, denn es giebt auch noch ein zweites und drittes, ein
partiell-nationales und ein subjectiv-individuelles, die sich
zu jenem verhalten, wie einzelne Scenen und Charactere
zum ganzen Stück, die dasselbe aber so lange, bis ein Alles
15 umfassender Geist erscheint, vertreten, und wenn dieser
ganz ausbleibt, als ⌜disjecti membra poetae⌝ in seine Stelle
rücken, das Drama ist nur dann möglich, wenn in diesem
Zustand eine entscheidende Veränderung vor sich geht, es
ist daher durchaus ein Product der Zeit, aber freilich nur in
20 dem Sinne, worin eine solche Zeit selbst ein Product aller
vorhergegangenen Zeiten ist, das verbindende Mittelglied
zwischen einer Kette von Jahrhunderten, die sich schließen
und einer neuen, die beginnen will. [...]
[D]ie dramatische Kunst [muß] sich auf Bedenkliches und
25 Bedenklichstes einlassen [...], da das Brechen der Weltzu-
stände ja nur in der Gebrochenheit der individuellen erscheinen kann, und da ein Erdbeben sich nicht anders darstellen läßt, als durch das Zusammenstürzen der Kirchen
und Häuser und die ungebändigt hereindringenden Flu-
30 then des Meers. Ich nenne es natürlich nur mit Rücksicht
auf die harmlosen Seelen, die ein Trauerspiel und ein Kar-
tenspiel unbewußt auf einen und denselben Zweck redu-

ciren, einen Uebelstand, denn diesen wird unheimlich zu Muthe, wenn Spadille* nicht mehr Spadille sein soll, sie wollen wohl neue Combinationen im Spiel, aber keine neue Regel, sie verwünschen den Hexenmeister, der ihnen diese aufdringt, oder doch zeigt, daß sie möglich ist, und 5 sehen sich nach dem Gevatter Handwerker um, der die Blätter wohl anders mischt, auch wohl hin und wieder, denn Abwechslung muß sein, einen neuen Trumpf einsetzt, aber im Uebrigen die altehrwürdige Erfindung des Ur-Ur-Großvaters, wie das Natur-Gesetz selbst, respectirt. Hier 10 wäre es am Ort, aus dem halben Scherz in einen bittern ganzen Ernst überzugehen, denn es ist nicht zu sagen, bis zu welchem Grade eine zum Theil unzurechnungsfähige und unmündige, zum Theil aber auch perfide* Kritik, sich den erbärmlichen Theater-Verhältnissen unserer Tage und dem 15 beschränkten Gesichtskreis des großen Haufens accomodirend*, die einfachen Grundbegriffe der dramatischen Kunst, von denen man glauben sollte, daß sie, nachdem sich ihre Kraft und Wahrheit vier Jahrtausende hindurch bewährte, unantastbar seien, wie das Einmaleins, verwirrt 20 und auf den Kopf gestellt hat. Der Maler braucht sich, und er mag dem Himmel dafür danken, noch nicht darüber zu entschuldigen, daß er die Leinewand, aus der auch Siebbeutel gemacht werden könnten, bemalt, auch verlacht man ihn noch nicht, wenn man sieht, daß er auf die Com- 25 position seines Gemäldes Mühe und Fleiß verwendet, daß er die Farben, die ja doch auch schon an sich dem Auge schmeicheln, auf Gestalten, und die Gestalten wieder auf einen inneren, für den bloßen Gaffer reicht vorhandenen Mittelpunkt bezieht, statt das Farbenbrett selbst mit dem 30 eingerührten Blau, Gelb und Roth, für das Gemälde zu geben, oder doch den bunten Gestalten- und Figuren-Tanz; aber jene Kunst, die, wie alles Höchste, nur dann überhaupt etwas ist, wenn sie das, was sie sein soll, ganz ist, muß sich jetzt, wie über eine Narrheit, darüber hudeln* 35

Trumpf beim L'hombre-Spiel

(lat., franz.) unredlich, gemein, hinterhältig

(franz.) anpassend, angleichend

jmd. schlecht behandeln, zurechtweisen

lassen, daß sie ihre einzige, ihre erste und letzte Aufgabe, im Auge behält, statt es sich bequem zu machen und für den Karfunkel* den Kiesel zu bieten, für ein tiefsinniges und unergründliches Lebens-Symbol ein gemeines* Le-
5 bens-Räthsel, das mit der gelösten Spannung in's Nichts zerplatzt, und, außer Stande, auch nur die dürftigste Seele für einen Moment zu sättigen, Nichts erweckt, als den Hungerruf: was Neues! was Neues! Ich sage es Euch, Ihr, die Ihr Euch dramatische Dichter nennt, wenn Ihr Euch
10 damit begnügt, Anecdoten, historische oder andere, es gilt gleich, in Scene zu setzen, oder, wenn's hoch kommt, einen Character in seinem psychologischen Räderwerk aus ein-ander zu legen, so steht Ihr, Ihr mögt nun die Thränenfistel* pressen oder die Lachmuskeln erschüttern, wie Ihr wollt,
15 um Nichts höher, als unser bekannter Vetter von ⌈Thespis⌉ her, der in seiner Bude die Marionetten tanzen läßt. Nur wo ein Problem vorliegt, hat Eure Kunst Etwas zu schaffen, wo Euch aber ein solches aufgeht, wo Euch das Leben in seiner Gebrochenheit entgegen tritt und zugleich in Eurem
20 Geist, denn Beides muß zusammen fallen, das Moment der Idee, in dem es die verlorne Einheit wieder findet, da er-greift es, und kümmert Euch nicht darum, daß der ästhe-tische Pöbel in der Krankheit selbst die Gesundheit aufge-zeigt haben will, da Ihr doch nur den Uebergang zur Ge-
25 sundheit aufzeigen und das Fieber allerdings nicht heilen könnt, ohne Euch mit dem Fieber einzulassen, denn dieser Pöbel, der Euch über die Paroxysmen*, die Ihr darstellt, zur Rechenschaft zieht, als ob es Eure eigenen wären, müßte, wenn er Consequenz besäße, auch dem Richter, der dem
30 Missethäter das Verbrechen abfragt, um seine Stellung zum Gesetz zu ermitteln, ja dem Geistlichen, der Beichte hört, den Vorwurf machen, daß er sich mit schmutzigen Dingen befasse, und Ihr seid für Nichts, für gar Nichts, verant-wortlich, als für die Behandlung, die, als eine freie, Eure
35 subjective Unabhängigkeit vom Gegenstand und Euer per-

(lat.) Rot leuchtender Edelstein

Hier: gewöhnliches

Tränenkanal, -drüse

(griech.) Anfall, höchste Steigerung einer Krank-heit

sönliches Unvermischtsein mit demselben hervor treten lassen muß, und für das letzte Resultat, ja auch das Resultat braucht nicht im Lanzen-Spitzen-Sinn die Spitze Eures Werks zu sein, es darf sich eben so gut als Ausgangspunct eines Characters hinstellen, wie als Ausgangspunct des ganzen Dramas, obgleich freilich, wenn Letzteres der Fall ist, das Drama der Form nach einen höheren Grad von Vollendung für sich in Anspruch zu nehmen hat. Man kann, wenn man sich genöthigt sieht, über Dinge, die Niemandem ohne innere Erfahrung ganz verständlich werden, zu sprechen, sich nicht genug gegen Mißdeutung verwahren; ich füge also noch ausdrücklich hinzu, daß man hier nicht an ein allegorisches Herausputzen der Idee, überhaupt nicht an die philosophische, sondern an die unmittelbar in's Leben selbst verlegte Dialectik* denken muß, und daß, wenn in einem Proceß, worin, wie in jedem schöpferischen, alle Elemente sich mit gleicher Nothwendigkeit bedingen und voraussetzen, überall von einem Vor und Nach die Rede sein kann, der Dichter (wer sich für einen hält, möge sich darnach prüfen!) sich jedenfalls eher der Gestalten bewußt werden wird, als der Idee, oder vielmehr des Verhältnisses der Gestalten zur Idee. [...]

Ich sagte: die dramatische Kunst soll den welthistorischen Proceß, der in unseren Tagen vor sich geht, und der die vorhandenen Institutionen des menschlichen Geschlechts, die politischen, religiösen und sittlichen, nicht umstürzen, sondern tiefer begründen, sie also vor dem Umsturz sichern will, beendigen helfen. In diesem Sinne soll sie, wie alle Poesie, die sich nicht auf Superfötation* und Arabeskenwesen* beschränkt, zeitgemäß sein, in diesem Sinn, und in keinem andern, ist es jede echte, in diesem Sinn habe auch ich im Vorwort zur Genoveva meine Dramen als künstlerische Opfer der Zeit bezeichnet, denn ich bin mir bewußt, daß die individuellen Lebens-Processe, die ich darstellte und noch darstellen werde, mit den jetzt obschwebenden

Denken in Gegensatzbegriffen

Überbefruchtung

Ornamentale Ausschmückung

allgemeinen Principien-Fragen in engster Verbindung stehen, und obgleich es mich nicht unangenehm berühren konnte, daß die Kritik bisher fast ausschließlich meine Gestalten in's Auge faßte, und die Ideen, die sie repräsentiren,
5 unberücksichtigt ließ, indem ich hierin wohl nicht mit Unrecht den besten Beweis für die wirkliche Lebendigkeit dieser Gestalten erblickte, so muß ich nun doch wünschen, daß dieß ein Ende nehmen, und daß man auch dem zweiten Factor meiner Dichtungen einige Würdigung widerfahren
10 lassen möge, da sich natürlich ein ganz anderes Urtheil über Anlage und Ausführung ergiebt, wenn man sie bloß in Bezug auf die behandelte Anecdote betrachtet, als wenn man sie nach dem zu bewältigenden Ideen-Kern, der Manches nothwendig machen kann, was für jene überflüssig ist,
15 bemißt. [...]

So viel im Allgemeinen. Nun noch ein Wort in Beziehung auf das Drama, das ich dem Publicum jetzt vorlege. Der ⌈Bänkelsängerstab⌉, vor dem Immermann* so gerechte Scheu trug, widert auch mich an, ich werde daher nicht
20 über mein Stück und dessen Oeconomie* [...] ich werde nur über die Gattung, zu der es gehört, reden. Es ist ein bürgerliches Trauerspiel. Das bürgerliche Trauerspiel ist in Deutschland in Mißcredit gerathen, und hauptsächlich durch zwei Uebelstände. Vornämlich dadurch, daß man es
25 nicht aus seinen inneren, ihm allein eigenen, Elementen, aus der schroffen Geschlossenheit, womit die aller Dialectik unfähigen Individuen sich in dem beschränktesten Kreis gegenüber stehen, und aus der hieraus entspringenden schrecklichen Gebundenheit des Lebens in der Einseitig-
30 keit aufgebaut, sondern es aus allerlei Aeußerlichkeiten, z. B. aus dem Mangel an Geld bei Ueberfluß an Hunger, vor Allem aber aus dem Zusammenstoßen des dritten Standes* mit dem zweiten* und ersten* in Liebes-Affairen, zusammen geflickt hat. Daraus geht nun unläugbar viel Trau-
35 riges, aber nichts Tragisches, hervor, denn das Tragische

Karl Leberecht Immermann (1796–1840), Dichter

Hier: ökonomischer Aufbau

Hier: (Klein-) Bürgertum

Adel

Geistlichkeit, Klerus

muß als ein von vorn herein mit Nothwendigkeit Bedingtes, als ein, wie der Tod, mit dem Leben selbst Gesetztes und gar nicht zu Umgehendes, auftreten; sobald man sich mit einem: Hätte er (dreizig Thaler gehabt, dem die gerührte Sentimentalität wohl gar noch ein: wäre er doch zu 5 mir gekommen, ich wohne ja Nr. 32, hinzufügt) oder einem: Wäre sie (ein Fräulein gewesen u. s. w.) helfen kann, wird der Eindruck, der erschüttern soll, trivial, und die Wirkung, wenn sie nicht ganz verpufft, besteht darin, daß die Zuschauer am nächsten Tag mit größerer Bereitwillig- 10 keit, wie sonst, ihre Armensteuer bezahlen oder ihre Töchter nachsichtiger behandeln, dafür haben sich aber die

(franz.) jeweiligen

resp.* Armen-Vorsteher und Töchter zu bedanken, nicht die dramatische Kunst. Dann auch dadurch, daß unsere Poeten, wenn sie sich einmal zum Volk hernieder ließen, 15 weil ihnen einfiel, daß man doch vielleicht bloß ein Mensch sein dürfe, um ein Schicksal, und unter Umständen ein ungeheures Schicksal haben zu können, die gemeinen Menschen, mit denen sie sich in solchen verlorenen Stunden befaßten, immer erst durch schöne Reden, die sie ihnen aus 20 ihrem eigenen Schatz vorstreckten, adeln, oder auch durch

Ungelenke Engstirnigkeit

stöckige Bornirtheit* noch unter ihren wirklichen Standpunct in der Welt hinab drücken zu müssen glaubten, so daß ihre Personen uns zum Theil als verwunschene Prinzen

(franz.) Tücke, Bosheit

und Prinzessinnen vorkamen, die der Zauberer aus Malice* 25 nicht einmal in Drachen und Löwen und andere respectable

(lat.) Berühmtheiten

Notabilitäten* der Thierwelt, sondern in schnöde Bäckermädchen und Schneidergesellen verwandelt hatte, zum Theil aber auch als belebte Klötze, an denen es uns schon Wunder nehmen mußte, daß sie Ja und Nein sagen konnten. 30 Dieß war nun, wo möglich, noch schlimmer, es fügte dem Trivialen das Absurde und Lächerliche hinzu, und obendrein auf eine sehr in die Augen fallende Weise, denn jeder

Bildliche Redeausdrücke

weiß, daß Bürger und Bauern ihre Tropen*, deren sie sich eben so gut bedienen, wie die Helden des Salons und der 35

Promenaden, nicht am Sternenhimmel pflücken und nicht
aus dem Meer fischen, sondern daß der Handwerker sie
sich in seiner Werkstatt, der Pflüger sie hinter seinem Pflug
zusammen lies't, und Mancher macht wohl auch die Erfahrung, daß diese simplen Leute sich, wenn auch nicht
auf's Conversiren*, so doch recht gut auf's lebendige Reden, auf das Mischen und Veranschaulichen ihrer Gedanken, verstehen. Diese beiden Uebelstände machen das Vor-
urtheil gegen das bürgerliche Trauerspiel begreiflich, aber
sie können es nicht rechtfertigen, denn sie fallen augen-
scheinlich nicht der Gattung, sondern nur den Pfuschern,
die in ihr gestümpert haben, zur Last. Es ist an und für sich
gleichgültig, ob der Zeiger der Uhr von Gold oder von
Messing ist, und es kommt nicht darauf an, ob eine in sich
bedeutende, d. h. symbolische, Handlung sich in einer nie-
deren, oder einer gesellschaftlich höheren Sphäre ereignet.
Aber freilich, wenn in der heroischen Tragödie die Schwere
des Stoffs, das Gewicht der sich unmittelbar daran knüp-
fenden Reflexionen eher bis auf einen gewissen Grad für
die Mängel der tragischen Form entschädigt, so hängt im
bürgerlichen Trauerspiel Alles davon ab, ob der Ring der
tragischen Form geschlossen, d. h. ob der Punct erreicht
wurde, wo uns einestheils nicht mehr die kümmerliche
Theilnahme an dem Einzel-Geschick einer von dem Dichter willkürlich aufgegriffenen Person zugemuthet, sondern
dieses in ein allgemein menschliches, wenn auch nur in ex-
tremen Fällen so schneidend hervortretendes, aufgelös't
wird, und wo uns anderntheils neben dem, von der sogenannten Versöhnung unserer Aesthetici*, welche sie in einem in der wahren Tragödie – die es mit dem durchaus
Unauflöslichen und nur durch ein unfruchtbares Hinweg-
denken des von vorn herein zuzugebenden Factums zu Be-
seitigenden zu thun hat – unmöglichen, in der auf conven-
tionelle Verwirrungen gebauten aber leicht herbei zu füh-
renden schließlichen Embrassement* der Anfangs auf Tod

sich gewandt
u. geistvoll
unterhalten

(lat.) Lehre
der Ästhetik

(franz.) Um-
armung, hier:
Versöhnung

und Leben entzweiten Gegensätze zu erblicken pflegen, auf's Strengste zu unterscheidenden Resultat des Kampfes, zugleich auch die Nothwendigkeit, es gerade auf diesem und keinem andern Wege zu erreichen, entgegen tritt. In dem letzten Punct, der Erläuterung wegen werde es be- 5 merkt, ist die ⌐Ottilie der Wahlverwandtschaften⌐ ein vielleicht für alle Zeiten unerreichbares Meisterstück und gerade hierin, hierin aber auch allein, lag Goethe's künstlerisches Recht, ein so ungeheures Schicksal aus einer an den ⌐Oedip⌐ erinnernden Willenlosigkeit abzuleiten, da die 10 himmlische Schönheit einer so ganz innerlichen Natur sich nicht in einem ruhigen, sondern nur im allergewaltsamsten Zustande aufdecken konnte. Hiernach, zu allernächst z. B. nach dem Verhältniß der Anecdote zu den im Hintergrund

(lat.)
Ausdrucks-
weise,
Schreibstil

derselben sich mit ihren positiven und negativen Seiten be- 15 wegenden sittlichen Mächten der Familie, der Ehre und der Moral, wäre denn auch bei meinem Stück allein zu fragen, nicht aber nach der sogenannten »blühenden Diction*,«

(arab.-niederl.)
Bedruckter
Baumwollstoff

diesem jammervollen bunten Kattun*, worin die Marionetten sich spreizen, oder nach der Zahl der hübschen Bil- 20 der, der Pracht-Sentenzen* und Beschreibungen, und an-

(lat.) Satz,
Ausspruch,
Sinnspruch

deren Unter-Schönheiten, an denen arm zu sein, die erste Folge des Reichthums ist. Die Erbfehler des bürgerlichen Trauerspiels, deren ich oben gedachte, habe ich vermieden, das weiß ich, unstreitig habe ich andere dafür begangen. 25 Welche? Das mögte ich am liebsten von den einsichtsvollen Beurtheilern meiner Genoveva im Vaterland und in den Blättern für literarische Unterhaltung, denen ich hier für ihre gründlichen und geistreichen Recensionen öffentlich meinen Dank ausspreche, erfahren. 30

Paris, den 4. März 1844.

Zit. n.: Hebbel, Friedrich: *Sämtliche Werke*. Historisch-kritische Ausgabe. Bd. 11 (Vermischte Schriften III, Kritische Arbeiten II). Besorgt von Richard Maria Werner. Berlin 1904: S. 39–40, S. 44–48, S. 61–65 35

Kommentar

Zeittafel

1813   Christian Friedrich Hebbel wird am 18.3. in Wesselburen (Norderdithmarschen) als ältester Sohn des Maurers Claus Friedrich Hebbel (1789–1827) und seiner Frau Antje Margaretha (geb. Schubart; 1787–1838) geboren. Seine Heimat, auf die Hebbel sich stets mit Stolz berufen hat, gehörte dem Herzogtum Holstein an, das zwischen 1773 und 1867 unter dänischem Protektorat stand.

1817   Besuch einer Klippschule (Privatschule).

1819   Mit der Reform des staatlichen Schulwesens Eintritt in die Volksschule. Zwangsversteigerung des Geburtshauses.

1827   18.11.: Tod des Vaters. Auf Vermittlung seines Lehrers tritt Hebbel zunächst eine Stelle als Laufbursche, ab 1829 als Schreiber bei dem Kirchspielvogt Johann Jakob Mohr an. Hebbel bezeichnet diesen Lebensabschnitt rückblickend als »Dithmarsische Sklaverei«.

1828   4.9.: Erste Veröffentlichung eines Gedichtes (»Schmerz und Welt«) im *Dithmarser und Eiderstedter Boten.* Es folgen weitere Gedichte und kleinere Erzählungen, zunächst anonym, ab Juni 1829 unter eigenem Namen.

1835   14.2.: Hebbel verlässt Wesselburen, um in Hamburg das Abitur nachzuholen. Materiell unterstützt wird er dabei von der Schriftstellerin Amalie Schoppe (1791–1858), die ihn auch in die dortige Literaturszene einführt. Hebbel wohnt zunächst bei einem Zimmermann und fängt eine Beziehung mit dessen Stieftochter Maria Dorothea Elisabeth (genannt: Elise) Lensing (1804–1854) an. 23.3.: Beginn der Tagebücher.

1836   27.3.: Gemeinsam mit drei Freunden geht Hebbel nach Heidelberg, wo er ein Jurastudium aufnimmt, Freundschaft mit Emil Rousseau (1817–1838). 12.9.: Hebbel reist über Straßburg, Stuttgart, Tübingen und Augsburg nach München. Dort nimmt er eine Wohnung bei dem Tischlermeister Anton Schwarz und beginnt bald ein Verhältnis mit dessen Tochter Josepha (genannt: Beppi). Er lebt hauptsächlich von Elise Lensings Ersparnissen und gelegentlichen journalistischen Arbeiten.

1838   3.9.: Tod der Mutter; 2.10.: Tod des Freundes Emil Rousseau, der ihm nach München gefolgt war.

1839   11.–31.3.: Fußmarsch zurück nach Hamburg; Bekanntschaft mit Karl Gutzkow (1811–1878); 2.10.: Beginn der Arbeit an dem Schauspiel *Judith* (Abschluss am 28.1. 1840).

1840   6.7.: Auf Betreiben der Schauspielerin Auguste Stich-Crelinger (1795–1865) wird *Judith* in Berlin uraufgeführt. 1.12.: erste Hamburger Inszenierung; 13.9: Beginn der Arbeit an der Tragödie *Genoveva* (Abschluss am 1.3.1841); 5.11.: Geburt von Hebbels und Elise Lensings erstem Sohn Max.

1841   4.7.: *Judith* erscheint bei Campe in Hamburg. Arbeit an seinem Lustspiel *Der Diamant* (Abschluss am 29.11.), das er erfolglos bei einem Wettbewerb in Berlin einreicht.

1842   Juli: Hebbels *Gedichte* erscheinen bei Campe; 12.11.: Reise nach Kopenhagen, um den dänischen König zunächst um eine Professur, schließlich mit Unterstützung des Dichters Adam Oehlenschläger (1779–1850) um ein Reisestipendium zu ersuchen.

1843   10.3.: Beginn der Arbeit an *Maria Magdalena* (Abschluss am 4.12.); 4.4.: König Christian VIII. von Dänemark bewilligt Hebbel ein 2-jähriges Reisestipendium in Höhe von je 600 Talern. 31.7.: *Mein Wort über das Drama*, eine Entgegnung auf seinen Kritiker Johan Ludvig Heiberg (1791–1860), erscheint bei Campe. 8.9.: Reise nach Frankreich, zunächst nach St. Germain-en-Laye, am 28.9. nach Paris, wo er u.a. Heinrich Heine (1797–1856) begegnet. 2.10.: Tod des Sohnes Max.

1844   April: Abschluss des Vorworts zu *Maria Magdalena*, das Hebbel in seine Schrift *Mein Wort über das Drama* einarbeitet und als Dissertation bei der Universität Erlangen einreicht. 14.5.: Geburt von Hebbels und Elise Lensings zweitem Sohn Ernst. September: *Maria Magdalena* erscheint bei Campe (irrtümlich unter dem Titel: *Maria Magdalene*). 26.9.: Reise von Paris über Marseille nach Rom. Dort u.a. Bekanntschaft mit den Malern Ludwig

(Louis) Gurlitt (1812–1897), Carl Rahl (1812–1865) und Peter von Cornelius (1783–1867).

1845 19.6.: Reise nach Neapel. Arbeit an der Tragödie *Moloch* (unvollendet). 8.10.: Rückkehr nach Rom. Beginn der Arbeit an der Tragödie *Julia* (Abschluss am 23. 10. 1847, Uraufführung postum 1903 in München), die Hebbel später als zweiten Teil der *Maria Magdalena* bezeichnet. Sein Antrag auf Verlängerung des Reisestipendiums beim dänischen Königshof wird abschlägig beschieden. 29.10.: Reise über Ancona und Triest nach Wien. Er schließt Bekanntschaft mit Franz Grillparzer (1791–1872) und anderen Prominenten der Wiener Kunst- und Kulturszene, erfährt durch die Barone Julius und Wilhelm Zerboni di Sposetti großzügige materielle Unterstützung und begegnet der Burgschauspielerin Christine Enghaus (1815–1910).

1846 13.3.: Uraufführung der *Maria Magdalena* in Königsberg; 26.5.: Heirat mit Christine Enghaus; Bruch mit Elise Lensing; 12.9.: Beginn der Arbeit an *Ein Trauerspiel in Sizilien* (Abschluss am 9. 1. 1847, Uraufführung postum 1907 in Hamburg).

1847 23.2.: Beginn der Arbeit an dem Drama *Herodes und Mariamne* (Abschluss am 14. 11. 1848); 12.5.: Tod seines Sohnes Ernst. Auf Betreiben seiner Ehefrau lädt Hebbel Elise Lensing nach Wien ein, wo sie über ein Jahr lang (von Ende Mai 1847 bis August 1848) zu dritt im selben Haushalt leben. 15.5.: *Der Diamant*; Reisen mit Christine nach Graz, Berlin, Leipzig und Dresden; November: *Neue Gedichte* erscheint bei J. J. Weber in Leipzig; 25.12.: Geburt der Tochter Christine (genannt: Titi; gest. 1921).

1848 März: Revolution in Wien. Hebbels gesellschaftskritische Theaterstücke werden weidlich rezipiert, die Zahl der Aufführungen steigt sprunghaft an. 8.5.: Aufführung der *Maria Magdalena* am Wiener Burgtheater; 26.5.: Hebbel beteiligt sich an einer Delegation, die sich um die Rückkehr des nach Innsbruck geflohenen Kaisers Ferdinand I. bemüht, und kandidiert für die Frankfurter Nationalversammlung; *Julia* erscheint.

1849   1.4.: Beginn der Arbeit an dem Lustspiel *Der Rubin* (Abschluss am 19.5); 19.4.: Uraufführung von *Herodes und Mariamne* am Wiener Burgtheater; 13.5.: Uraufführung der *Genoveva* in Prag; 15.11.: Hebbel wird Feuilletonleiter der *Österreichischen Reichszeitung* (Rücktritt am 15.3.1850); 21.11.: Uraufführung von *Der Rubin* am Wiener Burgtheater; Freundschaft mit Emil Kuh (1828–1876), der die erste Monographie (1854) und erste Werkausgabe Hebbels (1865) sowie eine 2-bändige Autorenbiografie erstellt (postum 1877 erschienen).

1850   Januar: *Herodes und Mariamne* erscheint. Nachdem mit Heinrich Laube (1806–1884) ein Gegner Hebbels Direktor des Wiener Burgtheaters geworden ist (und es für 18 Jahre bleibt), verschwinden dessen Stücke nach und nach vom Spielplan. Juli: Reise mit Christine nach Agram und Hamburg; Oktober: *Ein Trauerspiel in Sizilien* und *Der Rubin* erscheinen. November: Beginn der Arbeit an dem Drama *Michel Angelo* (Abschluss am 18.12.).

1851   21.1.: Nachspiel zu *Genoveva* beendet. April: *Julia* erscheint neu mit einem Vorwort (»Abfertigung eines ästhetischen Kannegießers«), in dem Hebbel gegen eine negative Kritik des Literaturwissenschaftlers Julian Schmidt (1818–1886) polemisiert. Reisen nach Berlin und Hamburg; September: Beginn der Arbeit an der Tragödie *Agnes Bernauer* (Abschluss: 24.12.). Dezember: *Michel Angelo* erscheint.

1852   25.3.: Uraufführung von *Agnes Bernauer* in München, wo Hebbel geehrt und vom bayrischen Königspaar empfangen wird. Juli: Reise mit Christine nach Venedig und Mailand.

1853   Juli: Reise nach Hamburg und Helgoland. Dezember: Beginn der Arbeit an der Tragödie *Gyges und sein Ring* (Abschluss am 14.11.1854, Uraufführung postum 1889 in Wien).

1854   Juli/August: Reise nach Marienbad und Prag; 18.11.: Elise Lensing stirbt in Hamburg und wird in einem Armengrab auf dem Friedhof von St. Georg bestattet. 1899 lässt Christine sie nach Ohlsdorf umbetten.

1855 August: Hebbel erwirbt ein Sommerhaus in Gmunden am Traunsee. *Erzählungen und Novellen* erscheint; Oktober: Beginn der Arbeit an dem dreiteiligen Drama *Die Nibelungen* (Abschluss am 22. 3. 1860); Dezember: *Gyges und sein Ring* erscheint.

1856 9.2.: Beginn der Arbeit an dem Versepos *Mutter und Kind* (Abschluss am 20. 3. 1857); Überarbeitung der Gedichte für eine geplante Gesamtausgabe bei Cotta.

1857 April/Mai: Reise nach Hamburg, Frankfurt, Weimar und Stuttgart, dabei Begegnungen u. a. mit Arthur Schopenhauer (1788–1860), Carl Friedrich Wilhelm Jordan (1819–1904) und Eduard Mörike (1804–1875); September: Die Gesamtausgabe der *Gedichte* erscheint bei Cotta. Dezember: Hebbel erhält den Tiedge-Preis für sein Versepos *Mutter und Kind*. Erste Skizzen zum Drama *Demetrius*, das Hebbel bis zu seinem Tod beschäftigen wird, jedoch unvollendet bleibt.

1858 22.2.: Beginn der Arbeit an dem Text zur Oper *Der Steinwurf oder Opfer um Opfer* (Abschluss am 16.3.); 11.5.: Begegnung mit Großherzog Karl Alexander von Sachsen-Weimar, in deren Folge Hebbel gelegentlich zu Gast am herzoglichen Hof ist und dort u. a. mit Franz Liszt (1811–1886) zusammentrifft. September: Reise nach Krakau.

1859 September: Reise nach Weimar und Dresden; *Mutter und Kind* erscheint.

1860 Januar: Bruch mit Emil Kuh. Eine Aussöhnung findet erst an Hebbels Sterbebett statt. November: Reise nach Paris.

1861 31.1.: Uraufführung der ersten beiden Teile der *Nibelungen* in Weimar; 1.4.: Uraufführung von *Michel Angelo* am Wiener Quai-Theater; 16./18.5.: Uraufführung aller drei Teile der *Nibelungen* in Weimar. Der Großherzog bietet Hebbel an, nach Weimar umzusiedeln, was dieser jedoch ein Jahr später aufgrund einer Intrige des Hoftheater-Intendanten Franz Dingelstedt (1814–1881) ablehnt.

1862 März: *Die Nibelungen* erscheint. Mai: Reise nach London über Paris.

1863   18.3.: Anlässlich seines 50. Geburtstags wird Hebbel in Weimar zum »Hofbibliothekar ehrenhalber« ernannt. Hebbels Gesundheitszustand verschlechtert sich. Man geht zunächst von einer rheumatischen Erkrankung aus (in Wirklichkeit handelt es sich um Knochenerweichung), Kuraufenthalte in Gmunden und Baden bei Wien bleiben erfolglos. 7.11.: Schiller-Preis für *Die Nibelungen*; 13.12.: Hebbel stirbt in Wien und wird am 18.12. auf dem Matzleinsdorfer Friedhof bestattet.

Entstehungsgeschichte

Entscheidend geprägt wurde die Entstehung von *Maria Magdalena*, ein Stück, das ursprünglich »Klara« betitelt war, durch vier Erfahrungsbereiche des Autors: die Reminiszenzen an Kindheit und Jugend in Wesselburen, einzelne Ereignisse und Personenkonstellationen zu Hebbels Münchner Zeit ab 1836, die Partnerschaft mit Elise Lensing sowie die Lektüre literarischer Texte anderer Schriftsteller (für einen detaillierten Überblick vgl. Lütkehaus, S. 23 ff., u. Ranke, S. 34 ff.). Welche biografischen Erlebnisse sich auf welche Weise auf die Entstehung des Stückes auswirkten, lässt sich anhand von Briefen, Tagebuchaufzeichnungen und anderen autobiografischen Schriften (etwa den *Aufzeichnungen aus meinem Leben*) nachvollziehen. Insbesondere in den Tagebüchern finden sich Hinweise zu Motiven und poetologischen Aspekten sowie Kommentare zur Wahl des Sujets, aber auch Anmerkungen zum Vorwort, Selbstdeutungen, Bemerkungen zur Rezeption und (kurze) Vergleiche mit anderen bürgerlichen Trauerspielen.

Hebbels Tagebücher, die zu den bedeutendsten literarischen Diarien des 19. Jahrhunderts gehören, wurden 1885/87 zum ersten Mal veröffentlicht. In ihnen hielt der Autor wichtige und (scheinbar) marginale Begegnungen und Ereignisse fest, er beschrieb und bewertete eigene und fremde Texte, er entwarf Briefe und verzeichnete Einfälle, er notierte Termine und Einnahmen, und er machte Angaben zu seiner literarischen Arbeitsweise. Gleichzeitig fungierten die Tagebücher als Reisejournal und Zitatensammlung. Vielfach haben die Einträge einen aphoristischen Charakter. Dem ersten Eintrag, der auf den 23.3.1835 datiert, stellte Hebbel eine Präambel voran, in der sich bereits sein Selbstverständnis als Schriftsteller artikulierte: »Reflexionen über Welt, Leben und Bücher, hauptsächlich aber über mich selbst, nach Art eines Tagebuchs, von K.F. Hebbel« (Fricke, *Tagebücher I*, S. 7). Hebbel selbst hatte gegenüber seinem Verleger Julius Campe 1863 den Wunsch geäußert, die Veröffentlichung der Tagebücher, welche bereits »mit dem Ziel der späteren Drucklegung« (ebd., S. 920) geschrieben worden waren, möge postum geschehen.

Hebbels Tagebücher

Viele Briefe Hebbels überschneiden sich inhaltlich mit den Tagebüchern, in denen *vice versa* Briefpassagen bzw. -entwürfe notiert wurden. Die Briefe, die er bis zur Heirat mit Christine Enghaus im Mai 1846 schrieb und die somit auf den Entstehungszeitraum des Stückes datieren, sind – wie Karl Pörnbacher formuliert – »vorwiegend Auseinandersetzungen des Dichters mit sich selbst, Selbstverständigungen, Selbstrechtfertigungen, Antizipationen von Angriffen auf die Substanz seines Wesens und Seins« (Fricke, *Tagebücher II*, S. 896).

Autorenbiografische Einflüsse

Elternhaus

In seiner Geburtsstadt Wesselburen, wo er aufgrund der ärmlichen Verhältnisse des Elternhauses keine weiterführende Schule besuchen konnte, wurde Hebbel früh für die Gefahr einer Deklassierung sensibilisiert – eines sozialen Abstiegs, wie er auch für Meister Anton und seine Frau eine Bedrohung darstellt und sich besonders in ihre Verhaltens- und Redemuster eingeschrieben hat. Als Hebbel sechs Jahre alt war, musste die Familie vom eigenen Haus in eine Mietswohnung umziehen. Später notierte er in den *Aufzeichnungen aus meinem Leben* über die damit verbundenen Erniedrigungen: Wenn ein Hausbesitzer

> »sich auf seiner Höhe nicht behaupten [kann], so geht es ihm, wie jeder Größe, die zu Fall kommt: die unteren rächen sich dafür an ihm, daß er sie einst überragt hat. Die Kinder richten sich in allen diesen Stücken nach den Eltern, und so hatte ich die Ehre der Erhebung, aber auch die Schmach des Sturzes mit meinem Vater zu teilen«.

In Meister Anton und seinen freudlosen, von einem übertriebenen Ehrbegriff geprägten und mit egomanischen Zügen ausgestatteten Charakter hat Hebbel Züge seines Vaters aufgenommen. Aus einer Tagebuchnotiz zu seinem Vater, Claus Friedrich Hebbel:

Vater

> »Er, ein Sklav der Ehe, mit eisernen Fesseln an die Dürftigkeit, die bare Not geknüpft, außerstande, trotz des Aufbietens aller seiner Kräfte und der unangemessensten Anstrengung, auch nur einen Schritt weiterzukommen, haßte aber auch die Freude; zu seinem Herzen war ihr durch Disteln und

Dornen der Zugang versperrt, nun konnte er sie auch auf den Gesichtern seiner Kinder nicht ausstehen, das frohe brusterweiternde Lachen war ihm Frevel, Hohn gegen ihn selbst, Hang zum Spiel deutete auf Leichtsinn, auf Unbrauchbarkeit, Scheu vor grober Handarbeit auf angeborene Verderbnis, auf einen zweiten Sündenfall« (T. 1323).

Hebbels Erinnerungen an seinen Vater haben vermutlich auch das Vater-Sohn-Verhältnis in *Maria Magdalena* und die mit ihm verbundenen Konflikte geprägt, wie etwa gegenseitiges Misstrauen, Verdächtigungen, Verständnislosigkeit und die nicht in Frage gestellten Schuldvermutungen zwischen Karl und Meister Anton.

Ebenso wurden einzelne Charaktereigenschaften der Mutter, Antje Margaretha Hebbel, in das Stück hineingespiegelt, die – der Frau von Meister Anton vergleichbar – ihren Sohn »fort und fort gegen die Anfeindungen« des Vaters in Schutz nahm, der, wie im Tagebuch formuliert wird, »in mir stets ein mißratenes, unbrauchbares, wohl gar böswilliges Geschöpf erblickte« (T. 1295). In *Maria Magdalena* übertrug Hebbel jedoch nicht nur ein soziales Milieu und psychische Dispositionen, sondern auch einige örtliche Gegebenheiten, insbesondere die unmittelbare Umgebung des elterlichen Hauses, den Birnbaum, die Lage der Kirche sowie den Brunnen.

Mutter

Mit Maria Dorothea Elisabeth, genannt Elise, Lensing, die er 1835 in Hamburg kennen lernte, hatte Hebbel zwei uneheliche Kinder. Während ihres Verhältnisses, das elf Jahre andauerte, knüpfte er weitere Liebschaften an, etwa zur Senatorentochter Emma Schröder und später, bereits nach Fertigstellung des Stückes, zur Wiener Schauspielerin Christine Enghaus, die er 1846 auch heiratete. Einzelne Erlebnisse, welche auf die Zeit der Beziehung zu Elise Lensing datieren (etwa die amouröse Dreieckskonstellation, die Existenz unehelicher Kinder sowie die materiellen Interessen einer Lebensgemeinschaft, in der Elise Lensing Hebbel mit Ersparnissen unterstützte), werden – wenn auch in anderen Zusammenhängen – in *Maria Magdalena* wieder aufgegriffen. Wolfgang Ranke stellt fest, dass einzelne Charaktereigenschaften Lensings, etwa ihre in den Tagebüchern verherrlichten »altruistischen Züge« später in der Figur der Klara »ihre

Elise Lensing

Christine
Enghaus

poetische Gestaltung« finden (Ranke, S. 44). Ihr erster Vorname ›Maria‹ wurde von Hebbel im Titel vielleicht bewusst aufgegriffen.

Zeit in München

Ein weiterer Erfahrungsbereich betrifft Hebbels Zeit in München, wohin er im Frühherbst 1836 von Heidelberg aus umzog. Ab April 1837 wohnte er zur Untermiete im Haus des Tischlermeisters Anton Schwarz, dessen Sohn kurze Zeit später wegen Diebstahls verhaftet wurde – ein Ereignis, das (unter Beibehaltung der Vornamen) als Handlungsmoment in *Maria Magdalena* aufgenommen wurde. Dem Stück liege, so schrieb Hebbel in seinem Todesjahr 1863,

> »ein Vorfall zu Grunde, den ich in München selbst erlebte, als ich bei einem Tischlermeister, der mit Vornamen sogar Anton hieß, wohnte. Ich sah, wie das ganze ehrbare Bürgerhaus sich verfinsterte, als die Gensd'armen den leichtsinnigen Sohn abführten, es erschütterte mich tief, als ich die Tochter, die mich bediente, ordentlich wieder aufathmen sah, wie ich mit ihr im alten Ton scherzte und Possen trieb« (Ehrismann, *Briefwechsel IV*, S. 593).

Josepha Schwarz

Hebbels Erfahrungen mit dieser Tochter, Josepha Schwarz, mit der ihn ein intimes Verhältnis verband, trugen ebenfalls zur Profilierung der Handlung bei. Nachdem Josepha ihm im Frühjahr 1837 Geständnisse bezüglich eines anderen Mannes gemacht hatte, notierte Hebbel im Tagebuch:

> »Seltsam! Seltsam! Josepha erzählt mit heut abend, sie habe in der Sonntag-Nacht (am Abend zuvor hatte sie mir Geständnisse gemacht, deren Inhalt mich nur ihre große Aufrichtigkeit vergessen machen konnte –) nachdem sie mit dem Gedanken, alles sei nun zwischen uns vorbei, eingeschlafen, geträumt, ein andres Mädchen sei zu ihr gekommen und hab ihr gesagt: sie solle mich nur laufen lassen; ich verspräche *jeder* das Heiraten« (T. 574).

Die Dreieckskonstellation, der Traum paralleler Heiratsversprechen sowie Josepha Schwarz' anschließend offenbar versuchter Suizid sind später als Handlungselemente für die Figur der Klara von Bedeutung. Ebenso lassen sich jedoch die Reaktionen Hebbels, wie sie sich im Tagebucheintrag artikulieren, mit dem Verhalten des Sekretärs (der im Stück bezeichnenderweise ›Friedrich‹ benannt ist) vergleichen, dessen Ehrbegriff durch die Vorstellung weiblicher Jungfräulichkeit und einer patriarchalischen Sexualmoral gekennzeichnet ist. Dass in der Münchner Zeit Erinnerungen an die Kindheit (u. a. an die Armut im ländlichen Dithmarschen) hervorgerufen und diese aktualisiert wurden, dafür spricht ein Tagebucheintrag von Ende 1837: »Ich träumte mich neulich ganz und gar in meine ängstliche Kindheit zurück, es war nichts zu essen da und ich zitterte vor meinem Vater, wie einst« (T. 937). Darin werden bereits Motive von *Maria Magdalena* vorweggenommen.

Erinnerungen an die Kindheit

Obwohl persönliche Erlebnisse und Begegnungen Hebbels in *Maria Magdalena* eingegangen sind und entscheidende Handlungsmomente konstituieren, wäre es verfehlt, die Biografie des Autors als alleinigen Referenzpunkt für eine Interpretation heranzuziehen. Aus ihr erhellt sich zwar die Entstehungsgeschichte, für eine Deutung des Textes ist sie allerdings wenig relevant (möchte man das Stück nicht als Bekenntnisdrama missverstehen). Hebbel betreibt keine biografische Selbstdarstellung, sondern hat die eigenen Erfahrungen »objektiviert und in einen Handlungszusammenhang eingebettet, der zugleich etwas Allgemeines zum Ausdruck bringen sollte« (Ranke, S. 46). Mit dem Stück beabsichtige er, »den Welt- und Menschen-Zustand in seinem Verhältniß zu der Natur und zum Sittengesetz, dem wahren, wie dem falschen« auf der Bühne zu zeigen (Ehrismann, *Briefwechsel I*, S. 525 f.). Bereits am 5. 12. 1843 hatte er an Elise Lensing geschrieben, in *Maria Magdalena* würden »die Ideen der Familie, der Sittlichkeit, der Ehre, mit ihren Tag- und Nacht-Seiten« thematisiert (ebd., S. 522). Ähnlich argumentiert er in einem Brief an Wilhelm Häring. Im Stück würden »im Hintergrund die großen Fragen des Familien-Verbands, der Ehre aus der wahren und der falschen Sittlichkeit entschieden werden« (Gerlach 1975, S. 47). Auch in dieser Hinsicht käme ein vorschneller Abgleich von Autorenbiografie und Werk einer Reduktion gleich, da Hebbel die Figuren und ihre Verhaltensweisen sozialgeschichtlich »als das Produkt der engen und gedrückten Verhältnisse des vormärzlichen Kleinbürgertums« (Zincke, S. 78) verstanden wissen wollte.

Keine biograf. Selbstdarstellung

Themen

Von der Idee zum Manuskript

Einige Einträge im Tagebuch dokumentieren Hebbels Auseinandersetzung mit Ideen, Figuren oder Personenkonstellationen seines Trauerspiels, lange bevor es auf dem Papier Kontur annahm. So lassen sich etwa zwei Bemerkungen aus dem Jahre 1837, in denen über die häuslichen Zustände beim Münchner Tischlermeister Schwarz reflektiert wird, retrospektiv auch als Kommentar zu *Maria Magdalena* lesen: »Der Philister hat *oft* in der *Sache* recht, *nie* in den *Gründen*« (T. 676) und: »Es gibt keinen ärgeren Tyrannen, als den gemeinen Mann im häuslichen Kreise« (T. 677) verweisen auf einen kleinbürgerlichen Typus und seine Verhaltensweise, insbesondere eine rechthaberische, letztlich auch inhumane Lebensanschauung und Denkart, wie sie Meister Anton verkörpert.

Erste Einträge im Tagebuch Die ersten Einträge im Tagebuch, die sich explizit auf *Maria Magdalena* beziehen, notiert Hebbel 1839, ebenfalls in München: »Durch Dulden Tun: Idee des Weibes« (T. 1516). Und gleich darauf: »*Klara* dramatisch« (T. 1517). Mit der Vorstellung einer duldenden, d. h. auch Leid und Schmerz ertragenden Frau wird hier auf ein Rollenbild verwiesen, das »dem ›Weib‹ eine bloß indirekte, reaktive Aktivität zuschreibt« (Lütkehaus, S. 26). Folglich hing Hebbels bürgerliches Trauerspiel von Beginn an mit der Idee einer Frau zusammen, die sich – ihre eigenen Bedürfnisse verneinend – mit einer als natürlich wahrgenommenen Selbstaufgabe in eine Situation einfand, so wie es von ihrer gesellschaftlichen Umgebung vorgelebt und eingefordert wurde.

Datierung Anhand des Tagebuches und der Korrespondenz lassen sich die Stationen der Niederschrift präzise datieren: Im Spätherbst 1842 war Hebbel nach Kopenhagen gereist, um den dänischen König Christian VIII. um eine Professur in Kiel zu ersuchen, das in dem damals in Personalunion mit Dänemark verbundenen Holstein lag. Auf Anraten des Schriftstellers Adam Oehlenschläger änderte Hebbel seine Pläne jedoch und bat stattdessen um ein Reisestipendium, welches ihm nach zweimaliger Audienz bewilligt wurde. Am 10.3.1843 begann Hebbel in der dänischen Hauptstadt mit der Arbeit an *Maria Magdalena*. Der

Schreibprozess wurde auch durch eine schwerwiegende rheumatische Erkrankung nicht unterbrochen, sondern eher gefördert. In einem Brief an Elise Lensing notierte er:

> »Hätte ich vorgestern Abend einen Secretair bei mir gehabt, so hätte ich den ganzen ersten Act meiner Maria Magdalena dictiren können, denn kaum hatte ich die Tropfen [der Medizin] im Leibe, als mein so lange trocknes Gehirn Funken zu sprühen anfing [...]. Mir geht es, wie Du weißt, immer so, daß mein inneres Leben in krankhaften Zuständen nicht abnimmt, sondern sich steigert« (Ehrismann, *Briefwechsel I*, S. 445).

Abgeschlossen wurde der erste Akt am 1.5.1843, kurz nach Hebbels Rückkehr nach Hamburg. Den zweiten Akt beendete er am 17.10.1843 in Paris, wohin er im Spätsommer abgereist war. Am 2.10. starb sein Sohn Max, wovon er in Frankreich erst einige Zeit später Nachricht erhielt. Kurzfristig zog Hebbel in Erwägung, das Stück nicht zu beenden. Aus einem Brief an Elise Lensing vom 31.10.1843:

> »Die Tragödie ist mir gewiß, es fehlen nur noch zwei Scenen. Dürfte ich, wie ich mögte, ich ließe sie als Todten-Opfer für mein Kind unvollendet. Aber woher gleich ein neues Werk nehmen, und für die Existenz muß etwas geschehen, man muß schmieden an der Kette, solange man sie trägt« (ebd., S. 505).

Maria Magdalena wurde schließlich am 4.12.1843 fertig gestellt. Nur wenige Tage später lag die von Hebbel verfasste erste Reinschrift vor. Notwendige Korrekturen und Bearbeitungen des Manuskriptes, darunter auch die Einteilung der Szenen, übernahm er nicht selbst, sondern beauftragte damit Elise Lensing. Gedruckt wurde das bürgerliche Trauerspiel bei Campe in Hamburg im Herbst 1844. (Für weitere Informationen zur Manuskriptbearbeitung und Druckgeschichte vgl. Ranke, S. 68 ff., u. Lütkehaus, S. 33 ff.)

Fertigstellung

Anhand der Tagebücher lässt sich rekonstruieren, welche anderen bürgerlichen Trauerspiele Hebbel gelesen und wie er sich kritisch mit ihnen auseinandergesetzt hat. Darunter waren *Der Hofmeister* und *Die Soldaten* von Jakob Michael Reinhold Lenz (1751–1792), *Das leidende Weib* von Friedrich Maximilian Klinger (1752–1831) und Gotthold Ephraim Lessings (1729–1781) *Emilia Galotti* (vgl. T. 1471, T. 1496, T. 1501a, Zincke, S. 35 ff., u. Kuh, S. 55 ff.). Indem Hebbel in *Maria Magdalena* Themen wie Verführung, Schwangerschaft, Tugend und Ehre dramatisierte, bezog er sich – wenn auch implizit – auf Handlungsschemata, die in der Dramenliteratur damals populär waren. So wurde in zahlreichen Stücken des 18. Jahrhunderts dargestellt, wie junge Frauen – den gesellschaftlichen Normen der Zeit entsprechend – den Verlust ihrer Jungfräulichkeit zu fürchten hatten. Da ihre Unschuld von Prinzen, Grafen oder Höflingen bedroht war, verband sich mit den amourösen Eskapaden nicht nur die Frage nach Tugendhaftigkeit und Keuschheit, sondern häufig auch der Konflikt zwischen Bürgertum und Adel. Obwohl Hebbel in *Maria Magdalena* zeigen möchte, »daß auch im eingeschränktesten Kreise [der Familie] eine zerschmetternde Tragik möglich ist« (T. 2910), sein bürgerliches Trauerspiel also nicht auf einer Konfrontation zwischen verschiedenen Ständen beruht, reiht es sich in die Tradition jener Stücke ein, in denen die Verführung und ihre Konsequenzen ein entscheidendes Moment der Handlung konstituieren.

Die umfangreiche Dramenliteratur dieser Zeit, in die auch der Beginn des bürgerlichen Trauerspiels fällt, lässt sich über das *Dramenlexikon des 18. Jahrhunderts* (2001) erschließen. Neben den bekannten und heute noch inszenierten Werken wurden auch zeitgenössische, aber vergessene Stücke, Beispiele für damals beliebte Genres und formal originelle Schauspieltexte aufgenommen (vgl. *Dramenlexikon des 18. Jahrhunderts*, S. 5 f.).

Titel

Durch einen Setzfehler wurde das Stück 1844 als *Maria Magdalene* (nicht wie vorgesehen *Maria Magdalena*) publiziert. Obwohl Hebbel in mehr als 70 Briefen den Titel in der ursprünglichen Fassung notierte, hat sich die Schreibung der Erstveröffentlichung in späteren Werkausgaben und der Sekundärliteratur vielfach gehalten. In der ersten 12-bändigen Werkausgabe, die 1865 von Emil Kuh ediert wurde, wurde sie übernommen, ebenso in der Historisch-kritischen Ausgabe von 1904 ff. – mit der Begründung, dass der Druckfehler bereits »zu sehr eingewurzelt« sei (Werner, *Dramen II*, S. 372). Ebenso verfährt die Ausgabe der *Werke* (1963–1967). Korrigiert wurde er hingegen in der vollständigen Werkausgabe, die 1913 von Hermann Krumm herausgegeben wurde, sowie in einigen aktuellen Leseausgaben. Da der »symbolische Titel«, so Hebbel, zu Missverständnissen führen könne, ergänzte er ihn um die Genreangabe *Ein bürgerliches Trauerspiel* (Ehrismann, *Briefwechsel I*, S. 525). Setzfehler

Auch wenn die biblische Gestalt Maria von Magdala gar nicht dramatisiert wird, besitzt der Titel – als herausgehobener Teil des Paratextes – ipso facto eine Bedeutung und verweist bereits auf zentrale Themen des Schauspiels: Gläubigkeit und Religiosität sowie die Frage nach Schuld und Vergebung. Da der Name Maria Magdalena in der kulturellen Überlieferung weithin bekannt war, wurde die Bedeutung des Titels auch nicht von Hebbel markiert. Im Gegenteil: Indem er ihn wählte, wurde eine thematische Relation zur weiblichen Protagonistin hergestellt, Klara, die mit der Frauengestalt aus dem Neuen Testament identifiziert wird. Bibl. Maria von Magdala

In den Evangelien wird Maria von Magdala insgesamt 14-mal erwähnt. Bereits während seiner Zeit in Galiläa wurde Jesus neben den Jüngern auch von einigen Frauen begleitet, die von ihm geheilt worden waren. Darunter war »Maria, genannt die Magdalenerin, von der sieben böse Geister ausgefahren waren« (Lk 8,2). Später erlebte sie die Kreuzigung Jesu (vgl. Mk 15,40 ff. u. Mt 27,55 ff.) sowie seine Grablegung (vgl. Mk 15,47 u. Mt 27,61). Die Synoptiker erwähnen, wie ihr und anderen Frauen am Ostermorgen die Auferstehung verkündet wird, verbunden mit dem Auftrag, den Jüngern diese Botschaft mitzuteilen. Bei Matthäus und Johannes erscheint Maria von Magdala der auferstandene Jesus auch selbst. Sie wird im Neuen Testament also »als eine Frau vorgestellt, die die unbeschränkte, befreiende Macht des Reiches Gottes an ihrem eigenen Leib erfahren hat« (Ruschmann, S. 10).

Legendarische Überlieferung

Bei Hebbel bezog sich die Deutung des Titels jedoch nicht auf diese biblische Gestalt, sondern auf die legendarische Überlieferung zu ihrer Person: Durch die Verschmelzung mit anderen, zum Teil unbenannten neutestamentlichen Frauenfiguren und in Folge der verschiedenen Traditionslinien der Urkirche entstand über die Jahrhunderte

> »das schillernde Mosaik der Freundin Jesu, einer ehemaligen Prostituierten, die zur meditativen Schwester der aktiven Marta von Betanien bekehrt wurde und ein zurückgezogenes Büßerinnen-Dasein lebte. [...] Ausgehend von der Typologie Adam – Christus und in Parallelisierung des Ostermorgens mit dem Schöpfungsbeginn wurde Maria Magdalena zur neuen Eva [...], [was] untrennbar verbunden [ist] mit dem Bild der Frau als dem schwachen, verführungsanfälligen Geschlecht und als der Urheberin aller Sünde« (ebd., S. 14).

Bereits vor der ersten Jahrtausendwende wurde diese legendarische Kontamination sowohl literarisch als auch bildkünstlerisch aufgenommen: Häufig wurde Maria Magdalena in Folge als Büßerin dargestellt, die Jesus die Füße salbt. Eng mit diesem – vom biblischen Standpunkt aus – verfälschenden Bild sind später auch die so genannten Magdalenenheime verbunden. Ab Mitte des 18. Jahrhunderts nahmen sie junge Frauen auf (metaphorisch als »gefallene Mädchen« bezeichnet), die gegen die rigiden Moralauffassungen der (klein)bürgerlichen Schicht verstoßen hatten, etwa indem sie vor der Ehe schwanger geworden waren. Auch in dieser Bedeutungsdimension hat der Name damals als Rezeptionsfolie für den Titel gedient.

In der Forschungsliteratur zu Hebbel wird nur gelegentlich auf die biblische Figur Maria Magdalena Bezug genommen und in der Regel nur auf die legendarische Deutungstradition verwiesen. Maria Magdalena als Sünderin, als Büßerin, als asketisch lebende Prophetin – dieses Bild ließ und lässt sich, zumindest in Teilen, auf Klara übertragen und wird somit (auch mit seinen sexuellen Konnotationen) für die Interpretation des Stückes relevant. Franziska Schößler etwa versteht Maria Magdalena als »die prototypische Sünderin des Neuen Testaments«, der Jesus vergebe (Schößler, S. 75). Indem Schößler die der Sünde komplementär gegenüberstehende Idee der Vergebung, wie sie auch für Lessings Stücke zentral sei, auf Hebbels Trauerspiel bezieht, schlussfolgert sie: »Mitleid wie Vergebung erscheinen im Angesicht der Härte der monolithischen Figuren als vergessene Tugenden, als nicht eingelöste soziale Phantasie« (ebd., S. 76). Gleichzeitig kann auch die Wirkungs- und Rezeptionsgeschichte zur Figur Maria von Magdala in Analogie zu Klara gelesen werden: Auch an sie werden dominante Vorstellungen von außen herangetragen, auch ihr wird eine eigene Identität beharrlich verweigert und auch ihre vermeintliche Schuld wird (nicht zuletzt für sie selbst) zu einem bestimmenden Charakteristikum ihrer Person.

F. Schößler

Bezieht man sich jedoch nicht auf die »legendarische Anreicherung« (Ruschmann, S. 4), sondern auf die Leidens- und Lebensgeschichte Maria Magdalenas, wie sie in der Bibel geschildert wird, so werden ebenfalls Parallelen zu Klara deutlich – jenseits des verfälschten und appropriierten Bildes der büßenden Prostituierten: In ihrer Rolle als Jüngerin, mit ihrem Ethos des Dienens und als Empfängerin und Verkünderin der Osterbotschaft sowie der darin enthaltenen Glaubensgewissheit, steht auch sie der Figur Klara keinesfalls fern.

Parallelen zu Klara

Dramaturgische Aspekte

»Die Behandlung der Idee, die Verknüpfung der Situationen, die Herbeiführung spannender und effektvoller Scenen, die Berücksichtigung der theatralischen Wirkung (mit Ausnahme des jähen Todes der Mutter), die kräftige, gedankenreiche Sprache, sind Vorzüge, die in dem Grade wenige Deutsche Dichter mit Ihnen theilen«, schrieb Auguste Stich-Crelinger Anfang 1844 an Hebbel und lobte damit die dramaturgische Machart des Stückes, die ihr als Schauspielerin freilich besonders ins Auge fiel (Ehrismann, *Briefwechsel I*, S. 549).

Maria Magdalena wurde zur Aufführung geschrieben: Sein Stück, so Hebbel, sei »durchaus theatralisch. Wenn sie das nicht aufführen, so weiß ich nicht« (ebd., S. 505). Folglich sollte der Text nicht nur retrospektiv betrachtet werden, als Beispiel für das Genre des bürgerlichen Trauerspiels (vgl. Erl., S. 7,3), sondern auch prospektiv: im Hinblick auf eine szenische Realisierung. Wenn man die in ihn eingeschriebenen Signale für eine Inszenierung ermittelt, kann man den Text, und sei es nur auf imaginativer Basis, als Grundlage für ein zukünftiges Theaterereignis lesen. Wichtige Gesichtspunkte dabei sind die dramatische Ausgangssituation, die Verknüpfung mit der Vorgeschichte, die Personenkonstellationen, die Akt- und Szenenstruktur, die Gestaltung von Konflikten und schließlich die von Hebbel – in Form von expliziten und impliziten Regieanweisungen – bereits in den Text eingeschriebene Vorstellung einer szenischen Umsetzung. Indem man sich »mit den Kompositionsprinzipien, Strukturen und Funktionen von Texten für und in Aufführungen« (Kotte, S. 206) auseinandersetzt, lässt sich, zumindest in Ansätzen, auch die Plurimedialität von Theateraufführungen thematisieren, welche sich aus einer Vielzahl von verbalen und nonverbalen Codes (u. a. Bühnenbild, Beleuchtung, Geräusche, Musik, Kostüme) zusammensetzen.

Randnotizen:

»durchaus theatralisch«

Plurimedialität von Theateraufführungen

Die Handlung beginnt an einem Sonntagvormittag, mit insgesamt neun Szenen, die nahtlos ineinander übergehen, so dass der erste Akt nach der Mittagszeit endet. Acht Tage später, an einem Montag, setzt der zweite Akt ein, dessen sechs Szenen ebenfalls ohne zeitliche Sprünge aneinander anschließen. Der abschließende dritte Akt findet nur kurze Zeit später statt, zunächst noch tagsüber, die zweite Hälfte am Abend. Dies widerspricht der ebenfalls im Text gegebenen Information, dass der zweite und dritte Akt an einem Donnerstag spielen (vgl. III.7). Im gesamten Stück entspricht die dramatisierte Zeit (d. h. die fiktive gespielte Zeit) der der Aufführungszeit (also der Zeit, welche die Schauspieler zur Präsentation der Ereignisse auf der Bühne benötigten).

Der gesamte erste Akt dient als Exposition. In ihm werden die Beziehungen der Figuren untereinander abgesteckt, deren Existenz sich (fast) vollkommen umkehrt: Karl wird als vermeintlicher Dieb verhaftet und Klara von ihrem Bräutigam in spe verlassen, die Mutter stirbt und Meister Anton empfindet seine Ehre als beschmutzt und fürchtet soziale Stigmatisierung. Der Akt kulminiert in Klaras Schwur, der mit dem Wort »Schande« (S. 39) einen der Zentralbegriffe des Stückes aufnimmt. Eine Schlüsselfunktion kommt der 4. Szene zu, einer Unterhaltung zwischen Klara und Leonhard: Erstmals werden hier entscheidende Teile der Vorgeschichte (Klaras Schwangerschaft, aber auch ihre liebende Zuneigung zum Sekretär) vermittelt, darüber hinaus werden einige den Handlungsverlauf später prägende Figureneigenschaften (moralisch rigide Einstellung des Vaters, berechnende Vorgehensweise Leonhards) deutlich. So pointiert wie an keiner anderen Stelle des ersten Aktes artikuliert Klara hier auch den Zusammenhang zwischen der von ihr nicht (mehr) ersehnten Heirat mit Leonhard, den Wertvorstellungen ihres Vaters und ihrem hier antizipierten Tod.

Bereits der erste Akt verdeutlicht, dass *Maria Magdalena* ein analytisches Drama ist. In ihm entwickeln sich Konflikte, die bereits vor Beginn des Stückes ihren Ursprung haben. Es werden Verwicklungen und Implikationen, die auf einer Vorgeschichte

Schande

Analytisches Drama

beruhen, gezeigt. Dabei ist die klassizistische Formenkonventi-
on der Drei-Einheiten-Lehre (Zeit, Ort, Handlung), die in Anlehnung an Aristoteles' *Poetik* von Johann Christoph Gottsched
(1700–1766) aus dem Französischen übernommen wurde und
welche das Unterlassen von Schauplatzwechseln und Zeitsprün-
gen sowie die Beschränkung auf einen einzigen Handlungs-
strang vorsieht, nur zum Teil gewahrt.

Aus den 39 unterschiedlichen Konstellationen (d. h. den verschiedenen Kombinationen von Figuren im Laufe des Stückes)
lassen sich Rückschlüsse auf Inhalt und Struktur einzelner Szenen ziehen. Klara befindet sich mit Ausnahme von sechs, teilweise sehr kurzen Szenen immer auf der Bühne, ist gleichsam auf
ihr und damit in der dargestellten häuslichen Welt gefangen.
Meister Anton und Karl verbringen nur zwei Szenen gemeinsam,
was indikativ für ihr Zerwürfnis ist. Szenen, in denen viele Ereignisse auf der Bühne gezeigt werden (I.7, III.8, III.11), sind durch
zahlreiche und schnell wechselnde Konstellationen geprägt. Der
zweite und dritte Akt werden – mit Ausnahme der letzten, von
Klaras Suizid dominierten Szene – von Monologen oder von
Dialogen bestimmt. Und: Der dritte Akt hat die meisten und
auch die kürzesten Szenen (in denen die Repliken knapper gehalten sind als im Rest des Stückes).

Bühnenhandlung und Vorgeschichte

»Jetzt sind alle Mauslöcher ausgestopft und ich bin zufrieden,
besonders damit, daß sie [die Figuren] eigentlich alle recht haben« (T. 2926), schrieb Hebbel unmittelbar nach Fertigstellung
des Stückes. Er bezog sich damit auf die Verschachtelung der
Handlung in Hintergrundgeschehnisse (d. h. im Off stattfinden-
de Handlungen, von denen nur berichtet wird) einerseits und
Vordergrundereignisse (also auf der Bühne dargestellte Handlungen) andererseits. Diese verleihen *Maria Magdalena*, zusammen mit der sukzessiven über die drei Akte vermittelten Vorgeschichte, einen unausweichlich wirkenden Ablauf. Am Beispiel
des ersten Aktes lässt sich verdeutlichen, welche signifikanten
Impulse der Dramenhandlung durch die Vorgeschichte verliehen
werden:

Impulse durch
Vorgeschichte

Vor dem Hintergrund des in I.3 angedeuteten Zerwürfnisses mit Leonhard erfahren die Zuschauer in I.4 von Klaras Verführung und Schwangerschaft, aber auch von ihrer amourösen Zuneigung zum Sekretär sowie Leonhards intrigantem Verhalten gegenüber einem Mitbewerber. Bei ihrer emotionalen Distanziertheit ist Klara also gleichzeitig an Leonhard gebunden. In I.5 werden die tief greifenden Differenzen zwischen Meister Anton und seinem Sohn Karl (umtriebige Lebenslust vs. moralischer Rigorismus) geschildert, was das gegenseitige Misstrauen verständlich macht und in I.7 in der sofortigen Schuldannahme (und der Furcht vor einer beschmutzten Familienehre) gegenüber Karl resultiert. In I.6 wird deutlich, dass das Vermögen von Meister Anton, das der Tochter in Teilen als Mitgift hätte dienen können, nicht mehr existiert. Unter anderem daraus ergibt sich Leonhards plötzliches Desinteresse an Klara. In der letzten Szene erklärt sich Adams überhebliches Auftreten, die beweislose Beschuldigung und Festnahme Karls und die schonungslose Durchsuchung des Hauses in Andeutungen, indem wiederum auf die Vorgeschichte – konkret: die Wette zwischen Meister Anton und Gerichtsdiener Adam – verwiesen wird.

Folglich bestimmen die Konstituenten der Vorgeschichte und die sich daraus ergebenden Konflikte Klaras existentielle Zwangslage: »Mich selbst erschüttert diese Klara gewaltig, wie sie aus der Welt herausgedrängt wird« (Ehrismann, *Briefwechsel I*, S. 455), vermerkt Hebbel schon am 26.3.1843, zu Beginn des Schreibprozesses: Zum Ende des ersten Aktes hat Leonhard sich von ihr losgesagt, Meister Anton fühlt sich in seinem Ehrgefühl tödlich gekränkt und nötigt seiner Tochter einen Schwur ab, den sie aufgrund ihrer Schwangerschaft nicht einhalten kann. Klaras Schwangerschaft, die den Verlust ihrer Jungfräulichkeit impliziert, bildet einen Konflikt, der für den gesamten weiteren Verlauf bestimmend bleiben wird. Durch die Suiziddrohung von Meister Anton (vgl. S. 43), die Verhaltensweise des Sekretärs angesichts der Schwangerschaft (vgl. S. 55) und Leonhards endgültiges Ausschlagen des Heiratsangebotes (vgl. S. 59 ff.) verengen sich Klaras Handlungsspielräume in den folgenden beiden Akten zusehends. Zum Schluss wird sich der Suizid als scheinbar einleuchtender Ausweg anbieten – ihre letzte Aktion, nachdem sie zuvor nur mehr reagieren konnte.

Indem die Figuren sich ihren Prädispositionen gemäß verhalten (etwa krankhaft gesteigerter Ehrbegriff bei Meister Anton oder an ökonomischen Kategorien geschultes Sozialverhalten bei Leonhard) und indem sie in einem gesellschaftlichen Umfeld situiert werden, das ihnen scheinbar gar keine anderen Aktionsmöglichkeiten lässt, erhält die Handlung eine Unausweichlichkeit. Diesen Determinismus kennzeichnet Hebbel in einem Brief an Elise Lensing vom 5. 12. 1843 wie folgt:

Unausweichlichkeit (margin)

> »Mit den allereinfachsten Mitteln wird die höchste tragische Wirkung erreicht, der Alte ist ein Riese geworden und Leonhard ist bloß ein Lump, kein Schuft, der Sohn, der Secretair, sie Alle sind im Recht [...] und dennoch entbindet sich durch den Zusammenstoß dieser einander innerlich entgegen gesetzten Naturen das furchtbarste Geschick« (Ehrismann, *Briefwechsel I*, S. 522).

Sprache und sprachliche Kommunikation

In *Maria Magdalena* wird weniger agiert denn diskutiert, weniger Aktion auf der Bühne gezeigt denn über sie gesprochen. Die Handlung – im Sinne von Bühnengeschehen – ist in vielen Szenen stark reduziert: Ihr »konstitutives Element ist vielmehr das Wort, denn in ihm äußern sich die ›vorbereitenden Gedanken‹ und ›begleitenden Empfindungen‹, ohne die momentane Aktionen ›in nackter Abgerissenheit, wie Natur-Vorfälle‹ erscheinen müßten« (Keller, S. 200).

Reduzierte Handlung (margin)

Bei den meisten Szenen in *Maria Magdalena* handelt es sich um Dialoge, an denen nur gelegentlich in untergeordneter Rolle eine dritte Figur beteiligt ist. Etliche Dialoge sind durch monologhafte Passagen gekennzeichnet (vgl. I.5, II.1), in denen keine scharfen semantischen Richtungsänderungen in den Gesprächen zu erkennen sind. So wird auf die Dominanz einer Figur verwiesen: Es geht nicht um einen sich im Dialog entwickelnden Konflikt, in manchen Fällen noch nicht einmal um einen genuinen Austausch von Standpunkten, sondern die (einseitige) Darstellung einer Position.

Monologartige Dialoge (margin)

Dass bei den monologartigen Dialogen keine gleiche Verteilung der Redeanteile vorliegt, kann – wie im Fall von Meister Anton –

ein Zeichen für die fehlende Ebenbürtigkeit der Dialogpartner sein und ebenso als Ausdruck einer gestörten Kommunikation gedeutet werden. Aus den quantitativen Redeanteilen lassen sich Rückschlüsse ziehen, etwa auf Monomanie der Wertvorstellungen von Meister Anton und auf seinen emotionalen Zustand. In ihnen dokumentiert sich seine überlebensgroße Präsenz im Leben der anderen Figuren.

Dialoge mit langen Repliken sind häufig gekennzeichnet durch eine Tendenz »zu distanzierterer Situationsabstraktheit und zu verlangsamtem Tempo« (Pfister, S. 199). Sie besitzen eine referentielle Funktion und verweisen auf die Vorgeschichte. So werden in vielen monologischen Passagen bereits vergangene Ereignisse narrativ vermittelt – ein integraler Teil der Spannungsdramaturgie von *Maria Magdalena*. Im Gegensatz dazu haben I.7, III.6 und III.11, in denen am meisten Aktion auf der Bühne stattfindet, vergleichsweise kurze Repliken und schnell wechselnde Figurenrede. Es handelt sich dabei um Szenen, die für den Fortgang der Handlung signifikant sind, in denen aber auch Ereignisse antizipiert werden und in welchen

> »die ›Äußerung‹ des Innern in der Geste, die ›Übersetzung‹ der Emotion in Aktion stattfindet. [...] Bühnenaktion und dramatische Handlung sind nicht identisch. Zwar bezeichnen dargestellte wie verdeckte Handlungen prägnante Punkte des Dramas, doch kommt die größere Wichtigkeit dem inneren Vorgang als dem Motor des Geschehens zu, als dessen unmittelbare und konzentrierte Spiegelung der Monolog erkannt wurde«,

stellt Mechthild Keller zu *Maria Magdalena* fest (Keller, S. 201 u. 205).

Generell haben Monologe die Funktion, den Zuschauern die Denkweise, die Gefühlswelt und das Bewusstsein von Figuren unmittelbar zu erschließen. So wird etwa Karls spöttische Haltung gegenüber dem äußerst reglementierten Tagesablauf im Hause des Tischlers, den er für sich selbst karikiert, in Form eines Monologs vermittelt (vgl. S. 67). Andererseits werden sich Figuren in Monologen ihrer Situation bewusst, sie verarbeiten Konflikte und finden erste Lösungsansätze. In solchen spontanassoziativen Monologen, die stilistisch gekennzeichnet sind

Spontanassoziative Monologe

durch »eine distanzlose Gleichheit von Fühlen, Denken und Sprechen« (Pfister, S. 189), finden sich häufig unvollständige Sätze (Ellipsen), rhetorische Fragen und kurze syntaktische Einheiten mit Wiederholungen (Gemination), mittels derer die innere Erregung einer Figur ausgedrückt werden soll.

An zwei Beispielen lässt sich verdeutlichen, wie Hebbel Monologe zur Charakterisierung von Figuren einsetzt. Nach dem Gespräch mit dem Sekretär reflektiert Klara in der folgenden Szene in einem Monolog (II.6) ihre Lage und bestärkt sich in ihrem Entschluss, zu Leonhard zu gehen, um ihn erneut um die Heirat zu bitten. Indem Hebbel ein inneres Zwiegespräch fingiert, in welchem Klara sich in der zweiten Person anredet und Fragen stellt, wird der Monolog zu einer Art Beratschlagung mit sich selbst. Diese dialogische Passage stellt ein imaginiertes Gespräch mit dem Vater dar. Die expressive Funktion der Sprache in diesem Reflexionsmonolog ergibt sich aus der Absicht des Sprechers, »sein Selbstverständnis zu artikulieren, um sich dadurch über sich selbst klar zu werden, sich zu rechtfertigen oder zu einem Entschluß zu kommen« (Pfister, S. 157). Gleichzeitig hat Hebbel ein Postulat eingelöst, das er am 27. 12. 1843 im Tagebuch notiert hatte: »Monologe im Drama sind nur dann statthaft, wenn im Individuum der Dualismus hervortritt, so daß die zwei Personen, die sonst immer zugleich auf der Bühne sein sollen, in seiner Brust ihr Wesen zu treiben scheinen« (T. 2971).

Das Beiseite-Sprechen

Häufig setzt Hebbel das dramatische Kunstmittel des Beiseite-Sprechens ein: Eine Figur kommentiert spontan eine Situation oder teilt Zuschauern bzw. Lesern ihre Gedanken mit, die aufgrund strategischer Erwägungen oder kommunikativer Zwänge anderen Figuren gegenüber nicht offen ausgesprochen werden können. Hebbel kennzeichnet dies gelegentlich mit der Regieanweisung »für sich«. Es werden Gedanken und Anschauungen, Absichten und Pläne geäußert, etwa von Karl: »Hier im Hause glauben sie von mir ja doch immer das Schlimmste; wie sollt es mich nicht freuen, sie in der Angst zu erhalten?« (S. 15) Gelegentlich resultiert das Beiseite-Sprechen darin, dass der Leser bzw. Zuschauer im Vergleich zu den Figuren besser informiert ist (vgl. S. 15 u. 56). Dies erlaubt es ihm »die Diskrepanzen im Informiertheitsgrad der Figuren untereinander zu erkennen und vermittelt ihm so das Bewußtsein der Mehrdeutigkeit jeder Situation« (Pfister, S. 82). Nicht alle Repliken, die von Hebbel als Beiseite-Sprechen konzipiert wurden, sind auch als solche gekennzeichnet (vgl. S. 70 f.).

Vice versa fühlen sich die Figuren in vielen Situationen in dem, was sie sagen können, beschränkt: In Form einer Auslassung, die es allerdings ermöglicht, das nicht Ausgesprochene hinzuzufügen oder zumindest zu erahnen (Aposiopese), wird zugleich angedeutet und verschwiegen (vgl. S. 37 u. 74). Das nicht ausgesprochene Wort weist hin auf ein Wissen, das nicht zugelassen wird bzw. nicht bewusst angenommen werden kann. Die Aposiopese ist »insgesamt Ausdruck der Gehemmtheit, des Fassungslosen, des erschrockenen und entsetzten Innehaltens vor einem Auszusprechenden, das eine gefürchtete Folge bedeutet« (Müller, S. 60). Dabei handelt es sich um Themen, die – bedingt durch den sozialen Kontext – tabuisiert sind: amouröse Zuneigungen, voreheliche Schwangerschaft und der damit verbundene Verlust der Jungfräulichkeit sowie generell das Thema Sexualität. Während im gedruckten Text drei Punkte die Funktion haben, die Aposiopese typografisch anzudeuten, werden in Inszenierungen andere Ausdrucksmittel gefunden, entweder paralinguistische (Intonation, Phrasierung oder Tempo der folgenden Replik) oder nonverbale Signale (Verlegenheitsgesten oder eine erstarrende Gestik oder Mimik).

Das nicht ausgesprochene Wort

In zwei, einige Jahre auseinander liegenden Tagebucheinträgen hatte Hebbel sich zur Gestaltung von Theaterfiguren geäußert. Man solle, wie er im April 1838 notierte, vermeiden, sie »über ihr eigenes Innere[s] sprechen zu lassen« (T. 1062). Ergänzend dazu am 24. 10. 1846: »Man kann einen dramatischen Charakter, warum er so oder so ist, nicht aus dem Charakter selbst erklären [...]; man muß ihn aus dem Stück zu erklären suchen [...], und es spricht eher für als gegen den Dichter, wenn auch dann noch etwas Unerklärliches übrig bleibt« (T. 3773). Dass die Figuren in *Maria Magdalena* sich – entgegen Hebbels Forderung – ihres eigenen Verhaltens recht bewusst sind, wird daran deutlich, dass sie häufig ihre Handlungsmotivationen explizieren, diese reflektieren und deuten.

Hebbel zur Gestaltung von Theaterfiguren

Motive und ihre strukturbildende Bedeutung

Ehre und Tod

In *Maria Magdalena* sind das Motiv der Ehre und das des Todes von besonderer Bedeutung. Sie werden bereits in den ersten Szenen aufgegriffen und prägen das gesamte Stück; es gibt eine »Motivische Antizipation« »motivische Antizipation« (Müller, S. 45). Indem die Mutter etwa ihr Hochzeitskleid als zukünftiges Leichenkleid ansieht, wird ihr Tod vorausgedeutet, über den sie im Zusammenhang mit konventioneller Lichtmetaphorik reflektiert: »Er verdüstert die Welt, er bläst all die Lichter, eins nach dem andern, aus [...]« (S. 13).

Ebenso sukzessive wie das Todesmotiv wird das Motiv der Ehre eingeführt, zunächst in Äußerungen über Meister Anton, der bis zum Schluss des Stückes – nach Klaras Tod – die Implikationen und Konsequenzen seines rigiden und engherzigen Ehrbegriffes nicht begreift. Zusammen mit dem komplementär damit verbundenen Begriff der Schande bildet das Motiv der Ehre eine zentrale Dimension der Figurencharakterisierung und somit des Textverständnisses. Dabei besitzt es für die einzelnen Figuren eine unterschiedliche Tragweite. Meister Anton gilt Ehre als das alleinig sinnstiftende Lebenskonzept, als eine Leitidee, die sich im Laufe des Stückes allerdings als äußerlich, hohl, inhuman erweist, da sie lediglich auf die Prävention des Eindrucks von Schande ausgerichtet ist. Zwar fürchtet Meister Anton in hohem Maße den Verlust seines Ansehens und registriert den Zustand des Verachtetseins, sein eigenes Versagen erkennt er allerdings nicht. Im Gegenteil: Indem er die mit dem Begriff der Schande verbundenen sozialen Rituale anerkennt (»Wir wollen Spießrutenlaufen, straßauf, straßab!«, S. 39, und: »Ich wollte ihm [einem Gauner] einen hinter die Ohren geben, aber ich besann mich und spuckte nicht einmal aus, wir sind ja Vettern seit acht Tagen, und es ist billig, daß Verwandte sich grüßen«, S. 43 f.), attributiert er ihnen einen großen Wert.

Klara übernimmt und internalisiert das von Reputation dominierte Denken ihres Vaters in Teilen so weitgehend, dass sie sogar ihren Freitod als Unfall kaschieren möchte, um dem Vater die damit verbundene Schande zu ersparen. Karl hingegen entzieht sich dem väterlichen Verhaltenskodex, indem er versucht, sich mit einem als untugendhaft angesehenen Lebenswandel bewusst abzugrenzen und zu emanzipieren. Er verachtet und verspottet die Enge und Normiertheit des Haushaltes und desavouiert Meister Antons Frömmigkeit. Leonhard hat sich, ähnlich wie Karl, vom kleinbürgerlichen Verhaltenskodex gelöst, allerdings nicht durch einen betont lustvollen Lebenswandel, sondern in Richtung einer konsequenten Ökonomisierung seiner Beziehungen, die er nach den Kriterien des finanziellen und beruflichen Nutzens für seine Person ausrichtet. Klara wollte er ursprünglich, zumindest teilweise, wegen der Mitgift, die Nichte des Bürgermeisters wegen der Kontakte ehelichen. Dennoch gebraucht er das Motiv der Ehre vordergründig als Vorwand zur Trennung von Klara (vgl. S. 38 u. 55).

Eng mit dem Motiv der Ehre verknüpft ist die Gestik des Schwörens, welche der Handlung am Ende des ersten und zu Beginn des zweiten Aktes entscheidende Impulse verleiht. Klaras Replik, in der sie beteuert, dem Vater nie Schande bereiten zu wollen, erweist sich vor dem Hintergrund ihrer Schwangerschaft als brisant und bestimmt ihre weitere Verhaltensweise. Komplementär dazu schwört Meister Anton, einen Suizid zu begehen (indem er einen Unfall fingiert), wenn Klara zum Objekt gesellschaftlichen Spotts werden sollte.

Gestik des Schwörens

Dass die tote Mutter als Berufungsinstanz für den Schwur dient, kann wiederum als Vorausdeutung von Klaras Tod verstanden werden, die – zumindest in der Wertevorstellung von Meister Anton – einen Meineid geleistet hätte, wenn sie beschworen hätte, was ihr Vater ihr formelartig vorgesprochen hat. Bereits die Tatsache, dass Klara schwören muss, weist auf das zerrüttete Vertrauensverhältnis, die Lieblosigkeit und Verständnislosigkeit hin sowie auf die Äußerlichkeit von Meister Antons Tugend- und Ehrbegriff, der sich an solchen Ritualen und Konventionen orientiert.

»Die Thematik des Todes strukturiert von der ersten Szene an das dramatische Geschehen und endet erst mit der Katastrophe in der letzten Szene. Der Tod ist Ahnung, Ängstigung, Drohung, Vollzug«, schreibt Joachim Müller zum sukzessiven Aufbau des Todesmotivs im gesamten Stück (Müller, S. 46). Bereits im ersten Akt ist es in fast allen Szenen präsent und verleiht den Ereignis-

Sukzessiver Aufbau des Todesmotivs

sen eine unheimliche Grundstimmung: Nachdem die Mutter in I.1 ihr Hochzeitskleid als Leichenkleid trägt, begegnet sie kurz darauf (I.3) dem Totengräber. In I.4 wird der mögliche Selbstmord von Leonhards Mitbewerber geschildert. In der folgenden Szene hat Meister Anton einem Toten das Maß für den Sarg abgenommen und macht sarkastische Bemerkungen über den Tod als Lehrmeister. Schließlich schildert er die düstere Atmosphäre der Kirche, von der aus er »das Beinhaus mit dem eingemauerten Totenkopf« (S. 27) sehen könne, ebenso wie den Suizidversuch und Tod von Meister Gebhard. In I.6 erzählt die Mutter von der Begegnung mit dem Totengräber, die letzte Vorausdeutung ihres in der folgenden Szene stattfindenden Todes. Da Klaras Tod an mehreren Stellen, unter anderem in Träumen, vorausgedeutet wird, werden diese Antizipationen zu einem für das ganze Drama strukturbestimmenden Moment.

Noch bis ins 20. Jahrhundert verweigerte die Kirche so genannten willentlichen Suizidanten (also Selbstmördern, die als zurechnungsfähig galten) eine kirchliche Bestattung und untersagte ebenfalls die »gottesdienstliche Kommemoration« (»Suizid«. In: *Religion in Geschichte und Gegenwart*, Bd. 7, Sp. 1851). Unter anderem aus diesem Grunde möchte Klara ihren Selbstmord als Unfall kaschieren, da die vermeintliche Schande, die ihr Suizid für den Vater darstellen würde, in ihren Augen schwerer wiegt als die Nichtbefolgung des 5. Gebotes (»Du sollst nicht töten«). Letztlich ist Klaras Freitod somit indikativ für einen innerfamiliären Zustand, in dem die Stabilität der sozialen Beziehungen gestört bzw. von einem Repräsentationsdenken überlagert ist.

Bedeutung des Dualismus für Hebbel

Der Dualismus galt Hebbel als konstituierendes Prinzip des Lebens und damit auch dessen Darstellung auf der Bühne: Er gehe »durch alle unsre Anschauungen und Gedanken [...]. Leben und Tod, Krankheit und Gesundheit, Zeit und Ewigkeit, wie eins sich gegen das andere abschattet, können wir uns denken und vorstellen, aber nicht das, was als Gemeinsames, Lösendes und Versöhnendes hinter diesen gespaltenen Zweiheiten liegt« (T. 2197).

Mit der Thematisierung von Tod und Ehre (und den damit komplementär verbundenen Begriffen von Leben und Schande) wird deutlich, dass für Hebbel auch auf Motivebene der Dualismus ein strukturierendes Element ist. Häufig stehen sich Ideen, Tatsachen und Kräfte bipolar gegenüber: »Weltlicht und Todesdunkel, Todesdrohung und Lebensgier sind die konstituierenden Gegensätze« (Müller, S. 66) – Gegensätze, die im Hinblick auf die Figur des Karl noch um die Kontrastpaare Heimat und Fremde, Perspektivlosigkeit und Hoffnung sowie Enge und Weite ergänzt werden könnten. Park argumentiert, dass dies auch der Verständlichkeit des Hebbel'schen Satzbaus in einer Aufführung diene:

> »Die allzu langen Perioden, denen viele Zuhörer nur mit Schwierigkeit zu folgen in der Lage sind, können ermüdend wirken. [...] Gemildert wird diese Schwierigkeit durch die Feststellung, daß die durchgängige dualistische Gliederung der Sprache die zusammengehörenden Sätze immer wieder zusammenzieht, somit die Zusammenhänge ins Bewußtsein hebt und dadurch das Verständnis erleichtert« (Park, S. 64).

In *Maria Magdalena* finden sich nur wenige Regieanweisungen. Sie beziehen sich einerseits auf die sprachlichen und paralinguistischen Äußerungen der Figuren (»laut«, S. 73, »Mit einer plötzlichen Wendung«, S. 32), andererseits machen sie Vorgaben zur Mimik, Gestik und Proxemik (»zu dem lesenden Leonhard«, S. 35) oder kündigen auch Effekte und Ereignisse an (»Man hört draußen eine Türklingel«, S. 36). Der Text des Dramas, so wie er von Hebbel geschrieben wurde, ist gegenüber möglichen szenischen Realisierungen folglich relativ offen. Gleiches gilt für die Gestaltung des Bühnenbildes: Die Ortsangaben – »eine mittlere Stadt« (S. 12), »Zimmer im Hause des Tischlermeisters« (S. 13 u. 67) und »Zimmer bei Leonhard« (S. 58) – geben keine genauen Instruktionen. Angaben zum Interieur, welches die Atmosphäre der Kleinbürgerlichkeit unterstützen könnte (Fenster, Tisch, Stühle, Kommode, Koffer, Schrank, Kleiderhaken, Klingel), sind nicht den Regieanweisungen, sondern nur implizit den einzelnen Szenen zu entnehmen (vgl. Park, S. 68 ff., auch für Informationen zu den szenischen Implikationen für Schauspieler und Regie sowie zu Hebbels Äußerungen zu Theateraufführungen und Publikum).

Rezeption

Auguste Stich-
Crelinger

In einem Brief vom 11. 12. 1843 empfahl Hebbel Auguste Stich-Crelinger, die bereits sein Stück *Judith* protegiert und dessen Premiere in Berlin 1840 ermöglicht hatte, auch *Maria Magdalena* zur Uraufführung: »Ich hoffe, die Heldin, deren Geschick aus einem Minimum von Schuld entspringt und dennoch bis zum Ungeheuren anwächs't, soll sich in Ihr Herz schleichen«,

Probleme
des Sujets

schrieb er in seinem Begleitbrief, die Probleme des Sujets wohl schon antizipierend (Ehrismann, *Briefwechsel I*, S. 526). Der Wunsch, sie vorab entkräften zu können, blieb jedoch unerfüllt. Im Gegenteil, Klaras Schwangerschaft konstituierte den wesentlichen Einwand gegen das Stück und werfe, so Stich-Crelinger, »alles über den Haufen« (ebd., S. 549).

Ihre Antwort ist charakteristisch für die erste Rezeptionsphase des Stückes, die vielfach geprägt war von der Frage nach der (nicht mehr vorhandenen) Virginität der Protagonistin und damit verbunden der vorehelichen Sexualität: »Wie können Sie nur denken, daß das geht. [...] Man mag noch so wenig prüde seyn, so lehnt sich doch das Gefühl so sehr gegen eine solche Situation auf, daß Ihr Stück, kaum beim Lesen, am wenigsten aber auf der Bühne zu seiner wahren Wirkung kommen kann« (ebd., S. 549). Der Brief kulminiert in der Bemerkung, Hebbel sei ein Mörder an seinem eigenen Genius. Auf ironische Art und Weise zeigt sich hier, dass eine falsch verstandene Tugendhaftigkeit (»daß Sie die zarten Gesetze der Sitte [...] auf so naive Weise mit Füßen treten«; ebd., S. 550) der sozialen Problematik wenig gerecht wird, sondern eher dem von Meister Anton im Stück vertretenen, ebenso patriarchalen wie hohlen Begriff von Sittsamkeit bestätigt. Stich-Crelinger scheint, im Hinblick auf die Schwangerschaft, eben in jener Welt der Konventionen gefangen, die Hebbel anklagt.

In seinem Antwortschreiben, das als Abschrift im Tagebuch existiert, nahm Hebbel zu den Vorwürfen Stellung und verwies auf *Faust* und *Egmont* – Theaterstücke, in denen ebenfalls schwangere Frauen auftreten. Ferner argumentierte er mit Blick auf dramaturgische Aspekte: Ohne die Schwangerschaft fehle der Handlung der entscheidende Impuls, sei das Stück »nicht möglich« (T. 3003). Darüber hinaus bewertete er die Schwangerschaft als einen »Fehltritt, der eigentlich gar keiner ist, weil das unglückliche Wesen ja nicht sowohl vom geraden Wege abweicht, als aus diesem Wege herausgedrängt und gestoßen wird« (T. 3003).

Ein Misserfolg war die Uraufführung von *Maria Magdalena*, die am 13. 3. 1846 in Königsberg stattfand, der Geburtsstadt des Philosophen Immanuel Kant (1724–1804). In einer spitzzüngigen Kritik nahm ein Rezensent auf diesen Ort der Aufführung Bezug, an dem

Königsberg: Misserfolg der Uraufführung

> »das Theater-Publicum der ›Stadt der reinen Vernunft‹ dieses großartige Drama nicht goutirte. Das Publicum schien die Tendenz des Dichters nicht zu begreifen, es capirte nicht, daß der Dichter in der ›Maria Magdalena‹ ein Bild unserer sittlich socialen Verhältnisse [hingestellt hat] [...]. Das Publicum der ›Stadt der reinen Vernunft‹ benahm sich so echt spießbürgerlich prüde dabei, es wehrte sich gegen den vernichtenden Eindruck, und die Dämchen hielten die weißen Schnupftücher vor die Augen, und taten als ob sie sich schämten und sagten den andern Tag beim Thee: ›Das Stück sei recht schön, aber eine Dame von Reputation könne doch nicht ein Stück mit ansehen, dessen Heldin ›eine Verführte‹ sei‹« (zit. n. Sievers, S. 24).

Zu weiteren Inszenierungen kam es in den Folgemonaten in Göttingen, Hamburg, Köln, Münster und Schleswig. Ebenfalls 1846 wurde das Stück in Leipzig gespielt, eine Produktion, die einerseits bedeutend war, weil mit ihr »die bisher fast allgemein verbreitete Ansicht von der Unaufführbarkeit des Werkes« (Sievers, S. 28) widerlegt worden war. Andererseits besaß das Leipziger Stadttheater eine überregionale Bedeutung und »wirkte befruchtend auf das gesamte theatralische und weithin auf das literarische Leben jener Zeit ein« (ebd., S. 26). Dass *Maria Magdalena* in Sachsen bei den Kritikern eine durchweg positive Resonanz erfuhr, lässt sich am Ausschnitt einer in *Europa: Chronik der gebildeten Welt* veröffentlichten Besprechung illustrieren:

Leipzig

> »In Hebbel haspeln nicht Marionetten ein Intriguenspiel zusammen; gegen solche fadenscheinige Arbeit ist Hebbel's

Magdalene ein Gewebe von körnigem Zeug das Fülle, Glanz und Stich hat, aber keine brilliante Appretur, kein Firniß der über die Armseligkeit des Inhalts täuschen soll« (zit. n. Ranke, S. 80).

Breslau In Breslau hingegen wurde das Schauspiel zur selben Zeit verboten, wie Hebbel in seinem Tagebuch verärgert notierte: »Man verbietet nach öffentlichen Blättern in Breslau meine Maria Magdalena. Das heißt doch in Wahrheit die Moral selbst verbieten« (T. 3613). Ein Publikumserfolg war schließlich die Aufführung am Wiener Hofburgtheater, wo das Stück zwischen Mai 1848 und März 1850 mindestens 14-mal aufgeführt wurde (vgl. Gerlach 1975, S. 102).

Zwischen Hebbels Todesjahr 1863 und der Jahrhundertwende wurde das Stück wechselhaft rezipiert, sowohl im Hinblick auf die Anzahl der Aufführungen als auch auf die Resonanz von Publikum und Kritikern. Endgültig etablieren konnte es sich im Repertoire der deutschsprachigen Theater jedoch ab Beginn des 20. Jahrhunderts. So wies Sievers für die Jahre zwischen 1900 und 1930 ca. 2 950 Aufführungen nach, die meisten davon zwischen Kriegsende 1918 und Mitte der 1920er-Jahre (vgl. Sievers, S. 77). Für einen Großteil der Inszenierungen dieser Zeit zeichneten die Landeswanderbühnen und die teilweise von der sozialistischen Arbeiterbewegung dominierten Volksbühnen verantwortlich.

Drittes Reich Während des Dritten Reiches wurde Maria Magdalena nur ungefähr halb so häufig gespielt wie zur Zeit der Weimarer Republik: bis zur kriegsbedingten Schließung der Theater im Jahr 1944 insgesamt 966-mal (vgl. Niven, S. 192). Nach 1933 wurde das Stück sowohl auf der Bühne als auch durch die Literaturkritik und die universitäre Germanistik ideologisiert, indem man es beispielsweise als nordisches Drama las. In ihm manifestiere sich »germanische[r] Lebenswillen«, »unbeugsame germanische Strenge« sowie »germanische[r] Mythos der Ehre« (ebd., S. 89). Dass diese Lesarten ideologisch motiviert und somit höchst fragwürdig waren, wird mit Blick auf den Text von Maria Magdalena deutlich: Die von Hebbel dramatisierte Welt ist geradezu eine Welt, in der mythische Orientierungsmodelle nicht sinnstiftend sind. Aus diesem Grund lässt sie sich auch nur bedingt für tagespolitische Zwecke in Anspruch nehmen bzw. an NS-Ideologeme anschließen. – Hebbels Stücke, darunter auch *Maria Magdalena*, wurden häufig im Rahmen von Aktivitäten und Veranstaltungen der NSDAP und ihrer Organisationen, etwa der ›Hitler-Jugend‹, dem ›Bund deutscher Mädels‹ oder der Gemeinschaft ›Kraft durch Freude‹ aufgeführt (vgl. ebd., S. 191 ff.).

Zwei herausragende Inszenierungen aus den Jahren 1938 und 1966 verdeutlichen, wie die unterschiedliche Gestaltung von Bühnenräumen zu *Maria Magdalena* in verschiedenen Interpretationen resultieren kann. Unter der Regie von Jürgen Fehling (1885–1968) wurde am Berliner Staatstheater 1938 mittels symbolischer Überhöhung der Aspekt der Schicksalstragödie betont. Dadurch, dass das Bühnenbild bewusst anti-naturalistisch gestaltet war, konnte die Stimmung eines Weltuntergangs mit fatalistischem Unterton eben auch in der Wohnstube eines niederdeutschen Kleinbürgers gezeigt werden:

> »Ein riesiger, kahler Raum mit getünchten Wänden, dick wie Kerkermauern, aus dem ein mit knarrenden Bohlen belegter Gang in die Küche führt, darin ein schmaler langer Tisch und ein graugelb gestrichener Schrank als Mobiliar – das ist Meister Antons Stube, in der moralische Grundsätze den Schmuck und das Bewußtsein unanfechtbarer Sittenstrenge das Licht bilden« (Ruppel, S. 143).

In der symbolhaft wirkenden Weiträumigkeit dieses Ortes, den der Regisseur nach Wesselburen in Dithmarschen, die Heimat Hebbels, verlegt hatte, agierten die Figuren wie in einer an die Antike erinnernden Schicksalstragödie. Die Idee eines selbstbestimmten Individuums, das in einer der Vernunft verpflichteten Welt lebt, schien aufgelöst. Vielmehr entstand der Eindruck einer ebenso übermenschlichen wie unentrinnbaren Macht, einer »Vision aus dem Inferno« (ebd.). Fehling griff damit einen Aspekt auf, der im Text als »schicksalhaftes Verhängnis« (Schößler, S. 73) bereits angelegt ist, insbesondere in Form der ab Stückbeginn vorausweisenden Todesmotivik.

Im Gegensatz dazu war Fritz Kortners (1892–1970) Inszenierung von 1966 durch einen – von manchen Kritikern als penibel empfundenen – Realismus in Figurenregie und Bühnenbild ge-

J. Fehling
1938

F. Kortner
1966

kennzeichnet. Am Berliner Schiller-Theater wurde die Wohnstube von Meister Anton detailgenau dem kleinbürgerlichen Milieu zur Mitte des 19. Jahrhunderts entsprechend nachgebildet, mit »viel Kunstgewerbe, Hausrat, engen Gängen und Türen« (Pfeiffer, o.S.). In dieser Verschachtelung des Bühnenraumes war gleichzeitig die Unmöglichkeit, vom Schauplatz zu entrinnen, angedeutet. Dass der Hintergrund durch ein Gerichts- bzw. Gefängnisgebäude mit der Figur der Justizia sowie durch eine Kirche mit Kreuz dominiert wurde, verwies auf die beiden bedeutendsten Institutionen im Leben der Hebbel'schen Figuren. Auch das Glockenläuten vor und während der Aufführung kann ebenso wie die Spielweise der Figuren als naturalistisches Element verstanden werden, in der die Handlungen mit Bedacht und mit Aufmerksamkeit für Einzelheiten ausgespielt wurden: »Über Minuten hin verrichteten sie Alltägliches: mit unendlicher Sorgfalt wird ein Tisch gedeckt; mit ausgesuchter Bedächtigkeit, wie in einem Zeremoniell, hängt einer seine Kopfbedeckung auf den Haken neben der Tür« (Wendt, S. 18). Statt der Unabwendbarkeit des Schicksals wird in Kortners Inszenierung so eine präzise Verortung im kleinbürgerlichen Milieu vorgenommen. Ihm ist das den Tod bringende Unglück (in Form der Sozialisation und des Verhaltens der Figuren) immanent.

Aktualisierung oder Historisierung?

Die Frage, ob *Maria Magdalena* noch aufgeführt werden solle und wenn ja, unter welchen Vorzeichen, wurde nicht erst in letzter Zeit gestellt. Sie lässt sich bereits einige Jahrzehnte zurückverfolgen. So schrieb etwa der einflussreiche Theaterkritiker Alfred Kerr (1867–1948) im Jahre 1932, dass der Konflikt um die Schwangerschaft anachronistisch wirke, da ein deutlicher Kontrast zwischen der im Stück portraitierten Welt und der sozialen Wirklichkeit bestehe: Denn »ob eine Tischlerstochter was Kleines kriegt, davon machen wir kein Wesens mehr« (Kerr, S. 567). Dass Hebbels Stück den sozialen Wandel dennoch überlebt, führt Kerr auf die »ewigen Menschlichkeiten« (ebd.) zurück, die dieses Drama im Gegensatz zu Zeitstücken auszeichne.

A. Kerr

Ähnlich äußerte sich auch Fritz Erpenbeck (1897–1975), Schriftsteller, Publizist und erster Chefredakteur von *Theater der Zeit*. In einem programmatischen Aufsatz zur ersten Ausgabe dieser DDR-Zeitschrift vermerkte er 1946: »Hebbels Meister Anton stieße, wäre er der Tischler Kunz aus Berlin-Wedding, nicht auf Erschütterung, sondern bestenfalls auf ein bedauerndes Achselzucken.« Dennoch sei es für die Rezipienten verständlich und nachvollziehbar, dass Meister Anton

> »an der ›Schande‹ seiner Tochter zerbricht, weil Hebbel seine ›Maria Magdalena‹ nicht allgemein, nicht als irgendeine beliebige, sich irgendwo, irgendwann abspielende Tragödie geschrieben hat, sondern sie ganz konkret in eine bestimmte Zeit, in eine bestimmte Gesellschaftsschicht mit ganz bestimmten Moralbegriffen gelegt hat« (Erpenbeck, S. 13).

Erpenbeck spricht sich damit gegen Aktualisierungen aus und sieht die Bedeutung des Stückes eher in der gesellschaftlich begründeten Determiniertheit der Figuren. Indem er die historische Relevanz der im Stück gezeigten Verhaltensweisen betont und nicht deren Übertragbarkeit auf Probleme der Gegenwart, wird *Maria Magdalena* hier als eine Art Anschauungsobjekt verstanden: Erpenbeck sieht es als Ausdruck der Entwicklung gesellschaftlicher Klassen und Klassengegensätze und ordnet es somit – wenn auch implizit – in ein sozialistisch-marxistisches Geschichtsbild ein.

Radikal veränderte familiäre Sozialstrukturen, ein unbefangener, inzwischen weitgehend enttabuisierter Umgang mit Sexualität sowie ein sich wandelnder Begriff von Religiosität – diese gesellschaftlichen Veränderungen haben sich auf Inszenierungen von *Maria Magdalena* ausgewirkt. Sie beeinflussten, ob der Text noch als aktuell wahrgenommen wurde, bestimmten aber auch Figurenkonzeptionen und Regievorgaben: »Meister Anton ist im 20. Jahrhundert als tragischer Held nicht mehr zu spielen, aber wenn man ihn als versteinertes Monument veräußerlichter Scheinmoral mit Verachtung strafen will, stellt sich die Frage nach der zeitgemäßen Glaubwürdigkeit des Konfliktes« (Preußer, S. 47). Dabei scheint es problematisch, den bei Hebbel dargestellten Konflikt als unzeitgemäß zu bewerten, indem man etwa auf den medizinisch-pharmazeutischen Fortschritt verweist: »In der Zeit der Antibabypille will uns das Grausen mit dem Gretchenschicksal der Tischlermeisterstochter Klara nicht mehr packen« (Fehling, o.S.).

Inszenierung heute

Wie lässt sich *Maria Magdalena* heutzutage noch inszenieren? Diese Frage wurde in den 1990er-Jahren, etwa von den Regisseuren Jürgen Kruse und Andreas Kriegenburg, nicht beantwortet, indem sie das Stück noch als ein historisches vorführten. Vielmehr stellten sie in ihren Inszenierungen in Bochum und Basel den scheinbar unausweichlichen Determinismus der Handlung in Frage, etwa dadurch, dass sie die Hebbel'schen Figuren teilweise ironisierten und damit reinterpretierten. Am deutlichsten lässt sich dies an Klara und dem mit ihr verbundenen Frauenbild ablesen:

> »Sie lacht, kreiselt, federt und springt über die ganze Bühnenbreite, daß die Holzspäne fliegen, und riskiert sogar ein Tänzchen im Tutu auf dem Tisch. [...] Wenn sich ihr Verlobter Leonhard nach zwei Wochen endlich wieder blicken läßt, gibt sie Vollgas. Dann setzt es Liebe und Hiebe, Dampf und Donner wie in einem italienischen Mamma-mia-Drama«,

notierte Franz Wille zur Bochumer Inszenierung (Wille 1997, S. 8).

In Basel wird sie als ein Opfer ihrer eigenen Sehnsüchte gezeigt, als eine willensstarke Frau, die sich freiwillig dazu entschließt, einer ebenso dumpfen wie lieblosen Welt zu entkommen, indem sie sich (anders als bei Hebbel) vergiftet: Klara bringt sich nicht um, »weil sie irgendjemandem irgendeine Schande ersparen will. Diese Tischlerstochter zeigt, daß man auch zuviel Kraft und Entschlossenheit haben kann, weil jemand, der keine falschen Kompromisse eingehen will, eben die Konsequenzen ziehen muß« (Wille 1999, S. 10).

Mir scheint, dass sich das Stück auch zu Beginn des 21. Jahrhunderts als ein gesellschaftskritisches aufführen lässt. In ihm sind viele Themen und Konflikte verankert, die als nicht zeitgebunden wahrgenommen werden: die Vereinsamung, ein auf Berechnung und Gefühlsökonomie basierendes Sozialverhalten, die Frage nach Schuld und Unschuld sowie Moral und Scheinmoral, die Auseinandersetzung des Einzelnen mit den (moralischen) Ansprüchen einer Gesellschaft. Darüber hinaus werden die von Menschen erzwungene Duldsamkeit und Passivität angesichts einer Situation oder das vorschnelle Akzeptieren von Verhaltensmustern thematisiert. Wenn dies im Vordergrund steht, dann hätten die historischen Details der Handlung, wie ein Kritiker anlässlich der Kortner-Inszenierung von 1966 schrieb, nur Beispielcharakter: Wer die Details wörtlich nehme, »mißversteht sie und Hebbel gründlich. Die Geschehnisse im Hause Meister Antons könnten auch anders verlaufen, sie würden immer tragisch enden. Die sture Unbedingtheit, mit der hier jeder sich selbst lebt, fordert ihre Opfer« (Karsch, o.S.).

Dass das Interesse an *Maria Magdalena* ungebrochen ist, belegen die jährlich erscheinenden Werkstatistiken des Deutschen Bühnenvereins. Während der Spielzeiten 1990/91 bis 1999/ 2000 wurde das Stück durchschnittlich zwei- bis dreimal pro Jahr inszeniert, an Theatern von Wien bis Bremen, von Köln bis Potsdam. In diesen zehn Jahren wurde es in Deutschland, Österreich und der Schweiz insgesamt 466-mal aufgeführt (vgl. *Wer spielte was?*).

Literarische Adaptionen und Verfilmungen

Im Jahr 1973 wurde in Heidelberg eine von Franz Xaver Kroetz (*1946) verfasste Adaption des Hebbel'schen Stückes uraufgeführt, die ebenfalls *Maria Magdalena* betitelt war. Kroetz transponiert die Handlung, unter Beibehaltung der Personenkonstellation und der grundlegenden Figureneigenschaften, ins Augsburg der späten 1960er-Jahre: Die Figur des Meister Anton, hier einfach Papa benannt, ist nun Inhaber eines kleinen Schuhgeschäftes, und Leonhard alias Leo wird zum Inspektorenanwärter für den höheren Dienst. In der Abfolge der Handlung orientiert sich Kroetz an Hebbels *Maria Magdalena*, ironisiert allerdings manche der Geschehnisse, was bereits in den Szenenüberschriften (zum Beispiel »Suppenkaspar«, »Mon cherie«, »Schwanengesang« oder »Schattenkabinett«) deutlich wird. Dabei nimmt er zeittypische Rede- und Diskursmuster sowie Themen (etwa den Umgang mit der NS-Vergangenheit) auf. Ehre, Schande und die Angst vor sozialer Stigmatisierung werden von den Figuren auch bei Kroetz thematisiert, sind allerdings nicht mehr die treibenden

F. X. Kroetz

Handlungsmotivationen. Im Vordergrund stehen Aufstieg, Geld und ökonomische Absicherung: »Die Interaktionen [der Figuren] werden versachlicht, werden zu vertragsmäßigen Arrangements« (Schößler, S. 90). In diesem Sinne haben auch Religion und Glauben ihre zentrale soziale Funktion verloren.

Obwohl Themen wie Sexualität und Schwangerschaft explizit angesprochen werden und Marie sich ihrem Verlobten Leo keinesfalls unterordnet, bleibt das Motiv der in die Ecke gedrängten, in ihren Entscheidungen eingeengten jungen Frau bestehen. Der Schluss weicht von Hebbels Original ab, indem Marie ihren Suizid auf der Bühne ankündigt, ohne von den anwesenden Männern, die gemeinsam miteinander Karten spielen, ernst genommen zu werden. Ihr Jugendfreund Peter (bei Hebbel der Sekretär Friedrich) verhöhnt sie in einem süddeutschen Kunstdialekt: »Zerscht mußt tot sein, dann glauben mir es!« (Kroetz, S. 65) Der verschachtelt konstruierte Handlungsablauf Hebbels verliert so bei Kroetz seine todbringende Mechanik, und obwohl er sich direkt auf *Maria Magdalena* von 1843 bezieht, handelt es sich bei dem Text nicht mehr um eine Tragödie.

Wie andere Stücke auch, die dem Genre des kritischen Volksstücks zugerechnet werden, ist Kroetz' *Maria Magdalena* gekennzeichnet durch einen Kunstdialekt, eine klare soziologische Verortung der Figuren, eine Verknappung der Sprache, in der eine nur beschränkte Fähigkeit zur Kommunikation zum Ausdruck kommt und eine unterschwellige Brutalität. Während bei Hebbel die Tendenz besteht, »die Personen ihr Selbst- und Weltverständnis weithin selber explizieren zu lassen« (Keller, S. 210), hat Kroetz die Repliken extrem verknappt und den Figuren damit weitgehend die Möglichkeit genommen, Vorgänge ausführlich zu kommentieren. – Im Jahr 1973 wurde Kroetz' Schauspiel unter der Regie des Autors als ein 70-minütiges Fernsehspiel vom Hessischen Rundfunk produziert und in den Folgejahren zwei Mal ausgestrahlt (14. 5. 1974 u. 23. 1. 1976).

Bereits zwei Jahre vor Kroetz hatte sich Rainer Werner Fassbinder (1945–1982) mit seinem 1971 in Bremen uraufgeführten und auch verfilmten Stück *Bremer Freiheit* – wenn auch indirekt – auf Hebbel bezogen. Indem Fassbinder den Untertitel *Ein bürgerliches Trauerspiel* wählte, stellte er den historischen Fall

Fernsehspiel

R. W. Fassbinder

um die Massenmörderin Geesche Gottfried (1785–1831), die 15 Menschen aus ihrem Verwandten- und Bekanntenkreis vergiftete, in die Tradition des Genres. Gottfried, die von ihrem ersten Mann ausgenutzt und erniedrigt wird, rächt sich mit einem Mord, der als Rebellion gegen das patriarchale Machtsystem verstanden werden kann. Mit den weiteren Morden, die zusehends von einem Lustgefühl begleitet sind, pathologisiert sich ihr Verhalten allerdings – bis hin zur Selbstglorifizierung ihrer scheinbar totalen Macht als Giftmischerin. Der Genrebezug zum bürgerlichen Trauerspiel fungiert hier als eine Art Kommentar:

> »Die Unterdrückung der Frau sowie ihr Ausschluss von den Produktionsverhältnissen bezeichnet einen Zustand, der über Jahrhunderte bürgerlicher Gesellschaftsentwicklung hinweg konstant blieb und (als meist unsichtbar bleibende) Kehrseite der bürgerlichen Trauerspiele mitgedacht werden kann« (Schößler, S. 92 f.).

Ebenfalls Anfang der 1970er-Jahre produzierte der Regisseur und Autor Jonatan Briel (1942–1988) in Zusammenarbeit mit dem Literarischen Colloquium Berlin den Film *Glutmensch*. Er zeigt, wie Hebbel sich im Alter von 50 Jahren auf seinem Totenbett in Fieberträumen an einzelne Stationen seines Lebens – traumatische Erlebnisse ebenso wie inspirierende Begegnungen – erinnert. Verschnitten ist diese Rückschau mit Auszügen aus seinen Dramen (darunter *Maria Magdalena*), aber auch halluzinatorischen Bildern zu anderen Schriftstellern.

J. Briel

Forschungs- und Deutungsansätze

Im Vorwort zu seinem Buch *Hebbelprobleme* schrieb der Germanist Oskar Walzel im Jahr 1909 selbstironisch: »Nicht ohne Bedenken vergrößere ich den Papierwust, der sich um Hebbel anhäuft« (Walzel, S. VIII) – eine Feststellung, die sich mühelos in die heutige Zeit übertragen lässt. Aufgrund der inzwischen unübersehbaren Anzahl von Texten zu Friedrich Hebbel und seinem Werk kann ein Forschungsüberblick nur punktuell sein.

In seiner 1910 veröffentlichten Studie *Die Entstehungsgeschichte von Friedrich Hebbels ›Maria Magdalena‹* dokumentiert Paul Zincke, wie sich autorenbiografische und literarische Einflüsse über einen Zeitraum von sieben Jahren, zwischen 1836 und 1843, »zu einer großen sozialen Tragödie« verdichteten (Zincke, S. 1). Von den ersten dramatischen Situationen bis hin zur Fertigstellung des Manuskripts rekonstruiert Zincke die Entstehung und Konzeption von *Maria Magdalena*. Da es von allen Stücken am intensivsten »mit der Lebens- und Bildungsgeschichte des Dichters« (ebd., S. 9) verflochten sei, bindet er seine Untersuchung eng an Erlebnisse und Erfahrungen Hebbels an.

Komplementär dazu stellen Hartwig Sievers in *Hebbels ›Maria Magdalene‹ auf der Bühne* (1933) und Eun-Sook Park in *Theorie, Text und Aufführungen* (1995) die Rezeption des Stückes dar. Neben einem historisch-statistischen Rückblick, in dem die Aufführungszahlen und -orte von der Uraufführung 1846 bis in die Zeit der Weimarer Republik dokumentiert werden, setzt Sievers sich mit dramaturgischen Textbearbeitungen und den einschlägigen Inszenierungen auseinander – bis hin zur Gestaltung der Figuren durch einzelne Schauspieler. Daran zeitlich anknüpfend thematisiert Park die Inszenierungen von 1933 bis in die Mitte der 1990er-Jahre. Ihr Interesse gilt dabei dem Zusammenhang zwischen den »philosophischen, dramentheoretischen und ›theaterpraktischen‹ Aspekten« (Park, S. 1). Sie werden aufeinander bezogen und insbesondere aus dem Blickwinkel der bedeutenden Inszenierungen nach 1945 besprochen. In ihrem Resümee schreibt Park, dass Produktionen des Stückes »sich immer wieder mit bestimmten Schwierigkeiten auseinandersetzen [müssen]. Dazu gehören Hebbels philosophische ›Gedankenkonstruktionen‹ und die Aktualisierung des Dramas, das der sozialen Wirklichkeit der Gegenwart nicht mehr entspricht« (ebd., S. 178).

Mit *Die deutsche Tragödie von Lessing bis Hebbel* (1948) intendierte Benno von Wiese weniger eine »ideengeschichtliche Systematik« zum Genre der Tragödie, sondern die »aufschließende Interpretation, die stets auf das einzelne Werk zurückgehen mußte, aber dabei sich doch bemühte, den Blick für den Gesamtvorgang nicht zu verlieren« (von Wiese, Bd. 1, S. 7). In einem Abschnitt zu *Maria Magdalena* bezieht er sich auf den Begriff des Tragischen, also auf die Darstellung von menschlichem Leiden und Untergang, welche nicht aus einem zufälligen Unglück resultiert, sondern sich unabdingbar als Folge einer Verfehlung, des Schicksals oder geschichtlich-gesellschaftlicher Umstände ergibt (vgl. Henckmann, S. 244). In Hebbels Drama verortet er die Zwangsläufigkeit der Ereignisse, deren »unauflösbare Notwendigkeit« (von Wiese, Bd. 2, S. 400), soziologisch:

> »Die tragische Analyse dieser bürgerlichen Welt […] gibt den gesellschaftlichen Zusammenhängen ein solches Übergewicht, daß der Mensch hier im Grunde nicht mehr Täter seiner Taten ist, sondern gleichsam nur das Vollzugsorgan des abstrakt gewordenen Hintergrundes, der ihn fast marionettenhaft dirigiert« (ebd., S. 401).

Von Wiese betont folglich, dass die Figuren mit gesellschaftlichen Bedingungen konfrontiert seien, die Selbständigkeit und freie Entscheidungen nicht mehr zuließen, gesellschaftliche Zusammenhänge, »mit denen sich der göttliche Weltwille ins Trübe, Enge und Starre verhärtet« (ebd., S. 402). Dies resultiere in einem »totalen Nihilismus« (ebd.), steht also im Gegensatz zu einer idealistischen Auffassung, dass die Welt durch ein übergeordnetes moralisches Prinzip bestimmt wird. Wie für *Maria Magdalena* ist die Spannung zwischen Individuum und Welt, in Form eines umfassenden tragischen Weltgesetzes, welches das Dasein des Menschen beherrscht und ihn in unabwendbare Konflikte stürzt (Pantragismus), auch für andere Stücke Hebbels konstitutiv.

Zwischen 1971 und 1980 veröffentlichte Friedrich Sengle seine dreibändige Literaturgeschichte *Biedermeierzeit* und diskutiert *Maria Magdalena* im Rahmen einer autorengeschichtlichen Darstellung zu Hebbel. Vor dem zeithistorischen Hintergrund des Biedermeier analysiert Sengle die ideologisch geprägten Verhaltensweisen der Figuren, indem er – in Anlehnung an Martin Stern – den »Archetyp[en] der Enge« (Sengle, Bd. 3, S. 384) als ein zentrales Symbol des Stückes herausstellt: Eine als Hölle empfundene Abgeschlossenheit kennzeichne »nicht nur den Meister Anton, sondern auch den Sekretär und seine Jugendgeliebte [Klara], die den Entschluß zur Trennung bejaht. Die Abgeschlossenheit ist keine reale, sondern eine solche ideologischer Art« (ebd.). Ebenso skizziert Sengle, dass das Stück sich mit Bezug auf seine Entstehungszeit auch als ein Text mit politischer Funktion lesen lasse:

> »Am Symbol des Kleinbürgertums, das im Vormärz noch tief mit der überlieferten kirchlich-religiösen Ordnung verbunden war und in diesem Zustand durch Metternichs Zensur systematisch festgehalten wurde, zeigt der Dichter die Brüchigkeit der gesamten überlieferten Denkstruktur. [...] *Maria Magdalene* bekämpft den Geist der Restauration durch das völlig unpolitische und objektive, d. h. die üblichen zeitgemäßen Anspielungen vermeidende Bild einer tragischen Katastrophe im Kleinbürgerhaus« (ebd., S. 386).

L. Lütkehaus Ludger Lütkehaus betont in seiner eng an den Primärtext gebundenen Analyse *Friedrich Hebbel: ›Maria Magdalene‹* (1983), dass »die traditionalistische patriarchalische Familienstruktur« (Lütkehaus, S. 18) in Verbindung mit der in den Handwerkerzünften des 19. Jahrhunderts noch sehr präsenten Vorstellung des ›ganzen Hauses‹, zentral für das Verständnis des Stückes sei. Ein Strukturmerkmal dieses ›ganzen Hauses‹ sei, dass Familienmitglieder unter einem Dach lebten und zur gegenseitigen Fürsorge verpflichtet seien:

> »Haushalt und Betrieb, Produktions- und Versorgungsgemeinschaft sind nicht voneinander getrennt. In den Handwerkerfamilien wird zu Hause für den Markt produziert, und zwar ohne klare Arbeitszeitregelungen. [...] Ordnung und (Selbst-)Zucht, Sparsamkeit als zugleich ökonomische und moralische Kategorie, der Fleiß als Ausdruck einer Berufsauf-

fassung, die diesen als Berufung versteht, und schließlich eine in allem, aber vor allem im sexuellen Leben waltende Askese sind der Inbegriff dieser Ethik, Geld- und Zeitverschwendung, Trunk, Spiel, Amüsement die perhorreszierenden Gegenbilder« (ebd., S. 20).

Vor dem Hintergrund einer hierarchisch geordneten Familienstruktur fallen den einzelnen Mitgliedern bestimmte Rollen zu, die sich gegenseitig ergänzen: dem Vater die von Verantwortung und Autorität, den restlichen Familienmitgliedern die von Ehrerbietung, Folgsamkeit und Gehorsam.

Unter dem Titel »Gewalt statt Katharsis – ein Paradigmenwechsel?« (1992) diskutiert Matthias Luserke *Maria Magdalena* im Rückgriff auf den Begriff der Katharsis. Von Aristoteles im 6. Kapitel der *Poetik* geprägt, besagt dieser, dass die durch Tragödien hervorgerufenen Emotionen von ēleos und phóbos (Mitleid und Furcht bzw. Jammer und Schaudern), eine psychische Reinigung von Gefühlen und Leidenschaften erzeugen, einhergehend mit einer befreienden, als lustvoll erlebten Erholung. Katharsis hat somit einen psychotherapeutischen Effekt. Luserke sieht Hebbels Drama jedoch als den Zielpunkt eines Prozesses, in dem sich die »Dekathartisierung der Kunst« (Luserke, S. 140) vollziehe. In Form eines bürgerlichen Trauerspiels zeige das Stück,

> »daß der Bürger nicht mehr kathartisierbar ist, weder als Handlungsträger (es gibt keine moralische oder vernunftmäßige Einsicht, keinen Sieg des Logos) noch als Rezipient (das Angebot heißt nicht mehr Katharsis kollektiver Gefühlsdispositionen, sondern ungeschützte Konfrontation mit dem, was das Bürgertum selbst produziert, Gewalt)« (ebd.).

Mit anderen Worten: Der Gesellschaft des Bürgertums kann, etwa als Theaterzuschauer, die Katharsis nicht mehr als psychische Triebabfuhr dienen.

In seinem Artikel »Hebbels Einstellung zur christlichen Religion – dargestellt am Beispiel der ›Maria Magdalena‹« (2000) setzt sich Hilmar Grundmann mit einem für das Verständnis des Stückes zentralen Aspekt auseinander: der Kritik an unbarmherziger Frömmigkeit und am Glauben als Mittel gesellschaftlicher Anerkennung. Dabei geht er von Hebbels Briefen und Ta-

M. Luserke

H. Grundmann

gebüchern aus, in denen sich Kritik am Christentum artikuliert, etwa in einem Schreiben an Elise Lensing vom 12.2.1837: »Das Christenthum ist das Blatterngift der Menschheit« (Ehrismann, *Briefwechsel I*, S. 152). Trotz dieser und ähnlicher spitzzüngiger Äußerungen sei es ein Fehler, Hebbel als einen »Antichrist[en] und prinzipiell[en] Feind jedweder Religion« zu sehen (Grundmann, S. 221). Im Gegenteil, er spreche sich für Religion aus, solange diese nicht die institutionalisierte Form von Kirchen annehme und frei sei von »Doktrinen, Dogmen oder Glaubensregeln« (ebd., S. 222). Mit Bezug auf *Maria Magdalena* lautet Grundmanns zentrale These, dass

> »es in der deutschen Literaturgeschichte wohl kaum ein zweites dramatisches Werk gibt, in dem das Denken und Handeln der Personen so sehr von der Anschauung einer bestimmten Religion beherrscht wird, dessen Sprache so sehr mit dem Vokabular der Bibel durchsetzt ist und das so sehr ›überladen ist mit religiöser Symbolik‹ wie dieses bürgerliche Trauerspiel« (ebd., S. 225).

Grundmann exemplifiziert die scheinbare Allmächtigkeit – und somit auch Fragwürdigkeit – der Religion insbesondere anhand der Figur des Meister Anton: »Er tritt genau genommen gar nicht mit Gott in ein Verhältnis, sondern mit der Kirche, und das bedeutet wiederum, daß sich seine christliche Religiosität reduziert auf kirchliche Frömmigkeit« (ebd., S. 226). Dass in *Maria Magdalena* 45-mal das Wort ›Gott‹ erwähnt werde, sei kein Beleg für die Religiosität des Autors, sondern eher indikativ für eine im Stück thematisierte religionsgeschichtliche Krise.

Hebbel-Gesellschaften

Von den beiden im deutschen Sprachraum existierenden Hebbel-Gesellschaften, mit Sitz im Geburtsort Wesselburen sowie in der Sterbestadt Wien, werden regelmäßig Veröffentlichungen zum Autor herausgegeben, in denen sich ein bedeutender Teil der Forschungen zu Hebbel bündelt. In dem seit 1939 publizierten *Hebbel Jahrbuch* sind neben literaturwissenschaftlichen Beiträgen auch Rezensionen, Theaterkritiken sowie Berichte über das Wesselburener Hebbel-Museum zu finden. In unregelmäßigen Abständen gibt die Wiener Hebbel-Gesellschaft seit 1985 unter verschiedenen Themenschwerpunkten die Schriftenreihe *Hebbel – Mensch und Dichter im Werk* heraus.

Literaturhinweise

Ausgaben

Hebbel, Friedrich: *Sämtliche Werke. Historisch-kritische Ausgabe*. Besorgt von Richard Maria Werner. Berlin 1901–1907 (zit. als: Werner)
Friedrich Hebbels sämtliche Werke. Hg. von Hermann Krumm. Leipzig 1913 (zit. als: Krumm)
Hebbel, Friedrich: *Werke*. Hg. von Gerhard Fricke, Werner Keller u. Karl Pörnbacher. München 1963–1967 (zit. als: Fricke)
Hebbel, Friedrich: *Maria Magdalena*. Mit Anmerkungen von Karl Pörnbacher. Durchgesehene Ausgabe. Stuttgart 2002

(Die Tagebucheinträge werden, wie in der Hebbel-Forschung üblich, mit der von Richard Maria Werner eingeführten Nummerierung zitiert.)

Weitere Texte Hebbels

Aus Friedrich Hebbels Korrespondenz. Hg. von Friedrich Hirth. München 1913
Briefe von und an Friedrich Hebbel: Bisher unbekannte Schriftstücke. Ges. und erl. von U. Henry Gerlach. Heidelberg 1978
Friedrich Hebbel Briefe: Ursprünglich in Zeitungen und Periodika veröffentlichte Schriftstücke (nebst einigen bisher unbekannten). Ges. und erl. von U. Henry Gerlach. Heidelberg 1975
Hebbel, Friedrich: *Briefwechsel 1829–1863*. Historisch-kritische Ausgabe in fünf Bänden. Hg. von Otfrid Ehrismann et. al. München 1999–1907 (zit. als: Ehrismann)

Werke anderer Autoren

Der Kleine Katechismus Doktor Martin Luthers: Revidierte Fassung. Gütersloh ²⁵1991
Die Bibel. Einheitsübersetzung der Heiligen Schrift. Altes und Neues Testament. Stuttgart 1980
Fassbinder, Rainer Werner: *Sämtliche Stücke*. Frankfurt/M. 1991
Kroetz, Franz Xaver: *Maria Magdalena*. Hamburg 1996

Forschungsliteratur

Bamberg, Felix: »Friedrich Hebbel«. In: *Allgemeine Deutsche Biographie*. Bd. 11 (Neudruck der 1. Aufl. von 1880). Berlin 1969, S. 169 ff.
Die Fernsehspiele 1973–1977. Band 1: Titel A-Z. Zus.gest. und bearb. von Achim Klünder. Frankfurt/M. 1984, S. 197 f.

Durzak, Manfred: *Kleist und Hebbel: Zwei Einzelgänger der deutschen Literatur*. Hg. von Hans-Christoph Graf von Nayhauss u. Anne-Christin Nau. Würzburg 2004

Erpenbeck, Fritz: »Zeittheater oder Theater der Zeit?« In: *Dramaturgie in der DDR (1945–1990)*. Bd. 1. Hg. von Helmut Kreuzer u. Karl-Wilhelm Schmidt. Heidelberg 1998, S. 12 ff.

Fehling, Dora: »Existentialistin Klara«. In: *Telegraf* (2.4.1966)

Grundmann, Hilmar: »Hebbels Einstellung zur christlichen Religion – dargestellt am Beispiel der ›Maria Magdalena‹«. In: *Hebbel: Mensch und Dichter im Werk*. Hg. von Ida Koller-Andorf. Wien 2000, S. 217 ff.

Guthke, Karl S.: *Das deutsche bürgerliche Trauerspiel*. Stuttgart ⁵1994

Högel, Rolf: »Zur Frage der Identität des Helden in Hebbels Dramen«. In: *Hebbel Jahrbuch 1974*, S. 139 ff.

Kaiser, Herbert: *Friedrich Hebbel. Geschichtliche Interpretation des dramatischen Werks*. München 1983

Karsch, Walther: »Wo Tugend zur Untugend wird«: In: *Der Tagesspiegel* (2.4.1966)

Keller, Mechthild: *Studien zu Hebbels dramatischer Technik*. [Diss.] Köln 1975

Kerr, Alfred: *Mit Schleuder und Harfe: Theaterkritiken aus drei Jahrzehnten*. Hg. von Hugo Fetting. Berlin 1982

Kotte, Andreas: *Theaterwissenschaft*. Köln 2005

Kuh, Emil: *Biographie Friedrich Hebbel's*. 2 Bde. Wien 1877

Literaturverfilmungen des Deutschen Fernsehfunks 1952–1991. Hg. vom Deutschen Rundfunkarchiv. Frankfurt/M. 1994

Lütkehaus, Ludger: *Friedrich Hebbel: »Maria Magdalene«*. München 1983

Luft, Friedrich: »Ist Hebbel unzeitgemäß?« In: *Die Welt* (2.4.1966)

Luserke, Matthias: »Gewalt statt Katharsis – ein Paradigmenwechsel?« In: *»Alles Leben ist Raum«: Aspekte der Gewalt bei Friedrich Hebbel*. Hg. von Günter Häntzschel. München 1992, S. 139 ff.

Matthiesen, Hayo: *Friedrich Hebbel. Mit Selbstzeugnissen und Bilddokumenten*. Reinbek 1970

Müller, Joachim: »Zur motivischen und dramatischen Struktur von Hebbels Maria Magdalena«. In: *Hebbel Jahrbuch 1968*: S. 45 ff.

Niven, William John: *The Reception of Friedrich Hebbel in Germany in the Era of National Socialism*. Stuttgart 1984

Park, Eun-Sook: *Theorie, Text und Aufführungen: Untersuchungen zu Friedrich Hebbels ›Maria Magdalena‹*. [Diss.] Bielefeld 1995

Pörnbacher, Karl: *Friedrich Hebbel: Maria Magdalena – Erläuterungen und Dokumente*. Stuttgart 1980

Pfeiffer, Herbert: »Die niederdeutsche Ballade des Grimms wurde nur zelebriert«. In: *Berliner Morgenpost* (2.4.1966)

Pfister, Manfred: *Das Drama: Theorie und Analyse*. München ⁷1988

Preußer, Gerhard: »Große Sprünge, enge Herzen«. In: *Theater heute* (Februar 1993), S. 47 f.

Ranke, Wolfgang: *Friedrich Hebbel: Maria Magdalena – Erläuterungen und Dokumente*. Stuttgart 2003

Ruppel, Karl Heinrich: *Großes Berliner Theater: Gründgens, Fehling, Müthel, Hilpert, Engel*. Velber 1962

Ruschmann, Susanne: *Maria von Magdala: Jüngerin, Apostolin, Glaubensvorbild*. Stuttgart 2003

Schößler, Franziska: *Einführung in das bürgerliche Trauerspiel und das soziale Drama*. Darmstadt 2003

Sengle, Friedrich: *Biedermeierzeit: Deutsche Literatur im Spannungsfeld zwischen Restauration und Revolution 1815–1848*. 3 Bde. Stuttgart 1971–1980

Sievers, Hartwig: *Hebbels ›Maria Magdalene‹ auf der Bühne: Ein Beitrag zur Bühnengeschichte Hebbels*. Berlin 1933

Szondi, Peter: *Die Theorie des bürgerlichen Trauerspiels im 18. Jahrhundert: Der Kaufmann, der Hausvater und der Hofmeister*. Hg. von Gert Mattenklott. Frankfurt/M. 2001

Thiess, Frank: *Der unbequeme Mitmensch: Eine Untersuchung über den Produktionsprozeß bei Friedrich Hebbel*. Mainz 1963

Walzel, Oskar: *Hebbelprobleme*. Leipzig 1909

Wendt, Ernst: »›Komm, wir wollen Spießruten laufen, straßauf, straßab!‹ – Kortner zeigt Hebbel: ›Maria Magdalene‹ im Schiller-Theater«. In: *Theater heute* (Mai 1966), S. 16 ff.

Wer spielte was? Werkstatistik Deutschland, Österreich, Schweiz. Hg. vom Deutschen Bühnenverein. Bensheim: Mykenae, [hier: 1990–2000]

Werner, Richard Maria: *Hebbel: Ein Lebensbild*. Berlin 1905

Wiese, Benno von: *Die deutsche Tragödie von Lessing bis Hebbel*. 2 Bde. Hamburg 1948

Wille, Franz: »Der Preis der Revolution ist der Bürger«. In: *Theater heute* (November 1997), S. 6 ff.

Wille, Franz: »Das ältere Systemprogramm oder Materialismus bewahrt vor Enttäuschung«. In: *Theater heute* (Mai 1999), S. 8 ff.

Wittkowski, Wolfgang: »Klara und Mariamne. Kleinstädterin und Königin«. In: *Friedrich Hebbel: Neue Studien zu Werk und Wirkung*. Hg. von Hilmar Grundmann. Heide 1982, S. 147 ff.

Zincke, Paul: *Die Entstehungsgeschichte von Friedrich Hebbels »Maria Magdalena«*. Prag 1910

Nachschlagewerke

Dramenlexikon des 18. Jahrhunderts. Hg. von Heide Hollmer und Albert Meier. München 2001

Handwörterbuch des deutschen Aberglaubens. Hg. von Hanns Bächtold-Stäubli. Berlin 1927–1942 (Reprint: Berlin 2000)

Religion in Geschichte und Gegenwart: Handwörterbuch für Theologie und Religionswissenschaft. Hg. von Hans Dieter Betz. 7 Bde., Tübingen [4]1998–2005

7.2 **Maria Magdalena**: Zur Bedeutung und den beiden Varianten des Titels vgl. Kommentar, S. 103 ff.

7.3 *bürgerliches Trauerspiel*: 1755 durch das Theaterstück *Miß Sara Sampson* von Gotthold Ephraim Lessing, das die Bezeichnung ›Bürgerliches Trauerspiel‹ erstmals im Untertitel führte, begründetes lit. Genre. Zusammen mit dem Stück *Lucie Woodvil* (1756) von Johann Gottlob Benjamin Pfeil und *The London Merchant* von George Lillo (1731, dt. 1752) hat es den frühen Referenzrahmen gebildet. Die bürgerl. Trauerspiele des 18. Jh.s können in zwei Phasen unterteilt werden: »Zunächst dominiert das bürgerliche Empfindsamkeitsethos; das Drama steht ganz im Zeichen bürgerl. Tugendproklamation« (Schößler, S. 44). Die bis dahin geltende Ständeklausel, nach der im Trauerspiel nur adelige Figuren agieren durften, hingegen bürgerliche ausschließlich der Komödie vorbehalten waren, wurde außer Kraft gesetzt. Ebenso sprachen die Figuren nicht mehr im Alexandriner, dem Standardvers des älteren (heroischen) Trauerspiels, sondern in Prosa. Ab den 1770er-Jahren wurden, in einer 2. Phase, auch Konflikte zwischen Bürgertum und Adel dramatisiert (Ständekonflikte). Aus der Vielzahl bürgerl. Trauerspiele, die sich insbesondere im Sturm und Drang großer Beliebtheit bei Schriftstellern und Publikum erfreuten, ragen Lessings *Emilia Galotti* (1772), Lenz' *Der Hofmeister* (1774) und Schillers *Kabale und Liebe* (1783) heraus. In einer 3. Phase, im 19. Jh., löst sich das Trauerspiel von seinem bürgerl. Bezugspunkt und wandelt sich zum sozialen Drama. Das Individuum tritt darin auf als selbstbestimmtes Wesen, dessen Denken und Handeln nicht länger von seiner ständischen Herkunft abhängig sind. Es agiert gegen gesellschaftl. Konventionen und bürgerl. Moralbegriffe. Vermehrt werden nun auch polit. Themen und Motive aus der Lebenswelt der unteren Bevölkerungsschichten aufgegriffen. In seinem Tagebuch greift Hebbel – mit Blick auf *Maria Magdalena* – das Genre direkt auf: »Es war meine Absicht, das bürgerliche Trauerspiel zu regenerieren und zu zeigen, daß auch im eingeschränktesten Kreis eine zerschmetternde Tragik möglich ist, wenn man sie nur aus den rechten Elementen, aus den diesem Kreise selbst angehörigen, abzuleiten versteht. Gewöhnlich haben die Poeten, wenn sie bürgerliche Trauerspiele zu schreiben sich herabließen, es darin versehen, daß sie den derben, gründlichen Menschen, mit denen sie es zu tun hatten, allerlei übertriebene Empfindeleien oder eine stöckige Borniertheit andichteten, die sie als amphibienhafte Zwitter-Wesen, die eben nirgends zu Hause waren, erscheinen ließen« (T. 2910). Er knüpft somit an die 1. Phase des bürgerl. Trauerspiels an, in der weniger der Ständekonflikt als ein bürgerl. Sittlichkeitsbegriff problematisiert wurde. Dementsprechend notiert er in einem Brief, »daß hier das Tragische nicht aus dem Zusammenstoß der bürgerlichen Welt mit der vornehmen, woraus freilich in den meisten Fällen auch nur ein gehaltloses Trauriges hervor geht, abgeleitet ist, sondern ganz einfach aus der bürgerlichen Welt selbst, aus ihrem zähen u in sich selbst begründeten Beharren auf den überlieferten patriarchalischen Anschauungen und ihrer Unfähigkeit, sich in verwickelten Lagen zu helfen« (Ehrismann, *Briefwechsel* I, S. 526). Mit *Maria Magdalena* bezieht sich Hebbel jedoch auch auf die Tragödie, indem er den Figuren »ein nahezu heldisches Pathos in den Mund« (Schößler, S. 64) legt und somit eine »Nobilitierung kleinbürgerlicher Lebensformen« (ebd., S. 72) vornimmt. Strukturell weicht *Maria Magdalena* von vielen anderen bürgerl. Trauerspielen ab, da es lediglich drei (statt fünf) Akte umfasst. Zum Genre des bürgerl. Trauerspiels vgl. v. a. die Bücher von Guthke, Schößler (mit kommentierter Bibliografie) u. Szondi. Vgl. a. die Ausschnitte aus Hebbels »Vorwort« (Anhang).

SR. MAJESTÄT, [...] Ehrfurcht gewidmet.: Hebbel widmete 9.1–4 das Drama dem dän. König Christian VIII. zum Dank für ein 2-jähriges Reisestipendium, das dieser ihm 1843 gewährt hatte. Widmungen dieser Art sind zu Hebbels Zeit nicht ungewöhnlich. Bis ins späte 19. Jh. hinein waren die meisten ›freien Schriftsteller‹ – eine Berufsbezeichnung, die sich erst ab Ende des 18. Jh.s etablierte – darauf angewiesen, ihren Lebensunterhalt entweder mit einem regulären Brotberuf, mit Nebentätigkeiten oder mit großzügiger Unterstützung von herrschaftlicher und großbürgerl. Seite (Mäzenatentum) zu bestreiten. Widmungen und Widmungsgedichte sind daher nicht nur als Danksagung für die finanzielle Unterstützung zu verstehen, sondern sollten auch die kulturelle Bedeutung und Bildung des Mäzens hervorheben. Erst ab Mitte des 19. Jh.s und schließlich nach der Gründung des Deutschen Reiches (1871) wurde durch die Vereinheitlichung und praktische Durchsetzung des Urheberrechtes sowie durch die zunehmende staatl. und institutionelle Kulturförderung die Basis für den Schriftstellerberuf, wie wir ihn heute kennen, geschaffen. Für sein Widmungsgedicht hat Hebbel eine strenge und zugleich feierlich wirkende Strophenform gewählt: die Stanze. Sie besteht aus acht jambischen Fünfhebern, die nach dem Schema *ab ab ab cc* gereimt sind. Diese urspr. in der ital. Epik weit verbreitete Gedichtform wurde ab dem späten 18. Jh. von zahlreichen dt. Autoren adaptiert, insbesondere für Widmungsgedichte. Bekanntestes Beispiel für ein Widmungsgedicht in Stanzenform dürfte die »Zueignung« aus Goethes *Faust I* (»Ihr naht euch wieder, schwankende Gestalten ...«) sein. Inhaltlich steht Hebbels Gedicht in keinem Zusammenhang mit dem Drama. In sehr bildhafter, pathetischer Sprache entwirft er ein dreifaches Bindungsgefüge zwischen Natur und Kunst, Kunst und Künstler sowie Künstler und Mäzen, dessen Schnittmenge gewissermaßen das Kunstwerk selbst bildet. Aufgabe des Künstlers ist es demnach, die Harmonie der natürlichen Schöpfung im Kunstwerk widerzuspiegeln: »Rein, ganz und unverworren« wie die Natur soll es erscheinen. Zur Bewältigung dieser Aufgabe, der der Künstler sein Leben widmet, bedarf es freilich nicht nur des kindlichen Spiels mit der schöpferischen Gabe, sondern auch des gottgegebenen Geistes (des Genies). Dieser ruft ihn dazu auf, »die äußre Welt zu schauen« – doch um sich dies leisten zu können, benötigt er einen »Genius« (den Mäzen) als Geldgeber, der (mittels des Reisestipendiums) seinen »Fuß« von der »Scholle« löst, was wiederum entscheidend zum Gelingen des Kunstwerkes (die »Frucht«, zu der der »Segen« sich verdichtet) beiträgt. Das Gedicht schließt mit einer gattungstypischen Demutsformel, in der der Autor seine Unwürdigkeit betont und um gnädige Aufnahme seines Werkes bittet, das er dem Mäzen pflichtgemäß als Erstem vorlegt.

12.1 **Personen**: Das Personenverzeichnis ist nach sozialen Beziehungen sortiert und erlaubt keinen Rückschluss auf die Hauptfigur des Stückes. Die Frage nach der Hauptfigur gilt in der Forschung als umstritten. Unzweifelhaft ist, dass sowohl Meister Anton als auch Klara im Zentrum des Konfliktes stehen und beide als Bezugspersonen für die übrigen Figuren agieren. Hebbel selbst bezeichnet in seinem Tagebuch »den eisernen Alten« als den Hauptcharakter (T. 2926).

MEISTER ANTON: Ab dem Hochmittelalter organisierten 12.2 sich Handwerker in Zünften, die großen Einfluss auf Politik und Wirtschaft der Städte ausübten. Um Mitglied einer Zunft zu werden und damit auch das Recht zu erwerben, eine eigene Werkstatt betreiben zu dürfen, musste der Handwerksgeselle eine Meisterprüfung absolvieren, in der er nicht nur sein handwerkliches Geschick unter Beweis zu stellen, sondern oft auch nicht geringe finanzielle Leistungen zu erbringen hatte. Die Bezeichnung »Meister« i. S. v. Ausbilder und Leiter eines Handwerksbetriebes hat sich bis heute erhalten.

ANTON: Leitet sich vom Hl. Antonius von Padua (~1195– 12.2 1231) her, einem Franziskanermönch, der als Bußprediger in Italien große Berühmtheit erlangte. Im Volksglauben gilt er u. a. als Patron der Armen, der Liebenden und der Ehe, der Frauen und Kinder. Zu ihm betet man gegen Unfruchtbarkeit und teuflische Mächte, aber auch für eine gute Entbindung und um verlorene Gegenstände wieder aufzufinden.

SEINE FRAU: Ihr Name, der erst nach ihrem Tod genannt wird, 12.3 lautet Therese (vgl. I.7).

KLARA: (lat. »die Leuchtende«); Namenspatronin ist die Hl. 12.4 Klara von Assisi (~1193–1253). Gegen den Widerstand ihrer adligen Familie, die sie standesgemäß zu verheiraten suchte, schloss sie sich im Alter von 18 Jahren dem Prediger und Ordensgründer Franziskus von Assisi an und verpflichtete sich zu Armut, Keuschheit und Gehorsam. Gemeinsam mit einigen Gefährtinnen gründete sie in San Damiano, wohin sie geflüchtet war, das erste franziskanische Frauenkloster.

LEONHARD: (lat.-althochdt. »der wie ein Löwe Starke« bzw. 12.6 »der für das Volk Starke«); der Hl. Leonhard von Noblat/Limoges (~500—559) war ein legendärer Einsiedlermönch, Wunderheiler und Klostergründer und gilt bis heute in Frankreich und Deutschland als einer der beliebtesten Volksheiligen. Als Schutzpatron ist er u. a. für die Bauern und das Vieh, aber auch für die Wöchnerinnen und die Gefangenen zuständig.

12.8 **WOLFRAM**: Den Namen des Kaufmanns ließ Hebbel noch kurz vor dem Druck von ›Gold‹ in ›Wolfram‹ ändern, da »der Name Gold ›undeutsch‹, d. h. jüdisch klinge« (Krumm, *Dramen II*, S. 267).

12.9 **ADAM**: Der Gerichtsdiener Adam könnte als parodistischer Gegenentwurf (Kontrafaktur) zur Figur des Richters Adam aus dem Theaterstück *Der zerbrochene Krug* von Heinrich v. Kleist (SBB 66) interpretiert werden (vgl. Schößler, S. 73).

12.13 **Ort**: Als Handlungsschauplatz kommt eine Stadt mittlerer Größe hauptsächlich deshalb in Betracht, weil sich zur Entstehungszeit des Stückes nur dort noch die ständische Gesellschaftsordnung und deren Sittlichkeitsverständnis behaupten konnte, während in den Großstädten bereits durch die Industrialisierung der Wandel zur kapitalistisch geprägten Klassengesellschaft vollzogen war (vgl. S. 130 f.).

13.16–17 **Myrtenbaum**: Die Myrte ist ein immergrüner Strauch mit eiförmigen, aromatisch duftenden Blättern und kleinen, weißen Blüten. In der griech. Mythologie wird sie der Liebesgöttin Aphrodite zugeordnet, steht aber symbolisch auch für Keuschheit und Reinheit sowie, da sie häufig zur Grabbepflanzung verwendet wird, für Vergänglichkeit. Als Brautschmuck werden ihre Zweige in Deutschland seit dem 16. Jh. verwendet, jedoch meist nicht bei Frauen, die ein Kind unehelich zur Welt gebracht haben.

13.19–20 **Brautkleid ist's nicht [...] nun mein Leichenkleid**: Im Glauben an die leibliche Auferstehung, wie sie die christl. Religion verheißt, werden Tote häufig in Sonntags- oder Hochzeitskleidung bestattet.

14.8 **in der Furcht des Herrn**: Gottesfurcht; stehende Wendung in bibl. Schriften, z. B. in 2. Mose 20,20: »Gott ist gekommen, um euch auf die Probe zu stellen. Die Furcht vor ihm soll über euch kommen, damit ihr nicht sündigt.« Vgl. a. Ps 111,10 u. Hiob 28,28.

14.19 **Lohntag**: Anspielung auf den in der Bibel prophezeiten Tag des ›Jüngsten Gerichts‹, an dem den Gläubigen der von Christus z. B.

in der Bergpredigt (Mt 5–7) versprochene Lohn (Aufnahme in das Himmelreich) zuteil werden soll.

himmlische Hochzeit: Christl. Auffassung des Todes als Einkehr in den Himmel (vgl. das Gleichnis vom königlichen Hochzeitsmahl in Mt 22,1–14). 14.28

sieben Jungfrauen im Evangelium: Anspielung auf das Gleichnis von den klugen und törichten Brautjungfern (Mt 25,1–13), in dem fünf (nicht sieben) von zehn Brautjungfern in das Haus des Bräutigams keinen Einlass mehr finden, da sie ihre Lampen nicht ausreichend mit Öl ausgestattet hatten und sich verspäteten. 14.29

heiligen Abendmahl: Kirchl. Sakrament der Wandlung von Brot und Wein in Fleisch und Blut Christi im Rahmen des Gottesdienstes, an dem teilzunehmen nur solchen Gläubigen gestattet ist, die zuvor ihre Sünden (etwa durch eine Beichte) bekannt haben. 14.31

nun schon in die Kirche gehen muß: Evtl. Anspielung darauf, dass er im Notfall den Opferstock (in der Kirche übliches Spendenbehältnis) auszurauben gedenkt. 15.31–32

zur Ader gelassen: Seit der Antike bekanntes und bis ins 19. Jh. praktiziertes Heilverfahren, bei dem die freie Blutentnahme aus einer Vene erfolgte. Die weite Verbreitung dieser Behandlungsmethode, die u. a. bei Herzbeschwerden angewendet wurde, beruhte zum Teil auf unzureichendem Wissen über Krankheitsbilder und alternative Heilmethoden. Hebbel selbst wurde anlässlich einer Lungenentzündung mit Blutentzug behandelt (vgl. Thiess, S. 20). 16.19

Schreiber: Hier Synonym für den Sekretär (mittlerer Beamter). Der Beruf bzw. das Amt des Schreibers existierte seit dem Mittelalter und konnte sowohl Notar (als hoher Beamter) als auch Amts- und Gerichtsschreiber (Protokollant, Chronist) oder Kopist (Abschreiber) bedeuten. 17.7

wir Alten, die [...] Schreiben verstehen: Analphabetismus war bis ins 19. Jh. hinein für den größten, in der Regel wirtschaftlich ärmeren Teil der dt. Bevölkerung die Regel. Dies änderte sich erst mit der Einführung der allgemeinen Schulpflicht (in Preußen bereits 1717, im gesamten Deutschen Reich spätestens 1871) und des Volksschulwesens (zu Beginn des 19. Jh.s). 17.18–20

18.2 **Klara** *sieht* [...] *Fenster nach*: Im folgenden Monolog schildert Klara dem Publikum u. a., was sie am Fenster stehend angeblich sieht und hört – ein ›Teichoskopie‹ (griech. ›Mauerschau‹) genanntes Verfahren. Es dient dazu, dem Publikum Geschehnisse mitzuteilen, die für den Fortgang der Handlung wichtig sind, jedoch aus Zeitgründen oder wegen der technischen Realisation nicht szenisch dargestellt werden können.

18.10–11 **wer wohl der [...], der ihr begegnet**: Dem Volksglauben nach deutet die erste Begegnung auf einem wichtigen Weg bereits dessen Ende voraus.

18.16–17 **Nun danket alle Gott**: Protest. Kirchenlied von Martin Rinckart (~1630).

18.23–24 **ein schönes vergoldetes [...] mit Rosen umwinden**: Herz und Rose gelten als Symbole der Liebe. Mit der Rose wird darüber hinaus Jugend und Unschuld assoziiert, im Volksglauben auch Tod und Vergänglichkeit. Beide Symbole tragen außerdem eine christl. Bedeutung: So steht das Herz für die Liebe Christi zu den Menschen, die Rose mit ihren Dornen für Tod und Auferstehung, die dornenlose Rose für die Hl. Jungfrau Maria (vgl. *Handwörterbuch des deutschen Aberglaubens*).

18.24–25 **vor dir seien die Opfer nichts**: Im Herbst 1837 notiert Hebbel: »Den Göttern kannst du nur schenken, was von ihnen selbst ausgeht« (T. 930).

18.33–34 **das seine Kirschen zum Altar trug**: Laut eines Tagebucheintrags Hebbels vom Januar 1837 spiegelt sich darin ein Ritual der Marienverehrung wider: »Die ersten Kirschen, die auf den Tisch kommen, nicht essen, und U.L.F. [= ›Unserer Lieben Frau‹, eine volkstümliche Bezeichnung für die Mutter Gottes] opfern« (T. 610).

19.27 **Zahnweh**: Evtl. Hinweis auf eine Schwangerschaft Klaras und das damit verbundene körperliche Unwohlsein.

20.10 **Soldatenzeichen**: Der Bart gilt seit jeher als Symbol für Stärke. In seinen diversen Formen diente er auch als Kennzeichen sozialer oder standesmäßiger Zugehörigkeit. Waren Bärte im milit. Bereich lange Zeit verpönt bzw. nur Offizieren vorbehalten, prägte im Lauf des 19. Jh.s besonders der Schnurrbart zunehmend das Erscheinungsbild des einfachen Soldaten.

23.23–24 **ohne Falsch wie [...] wie die Schlange**: Fast wörtl. Übernahme aus dem Matthäus-Evangelium (vgl. Mt 10,16 ff.), in dem Jesus den Jüngern deren Verfolgung voraussagt.

Ist's einem alten [...] Haupt zu bedecken?: Meister Anton sieht 24.31–32 in Leonhard einen Vertreter der Obrigkeit, dem gegenüber er eigentlich ohne Kopfbedeckung auftreten müsste.

Dirne: Urspr. (und bis heute in manchen Dialekten) wertneu- 25.12 trale Bezeichnung für Mädchen, Jungfrau; seit dem 16. Jh. auch Synonym für unzüchtige bzw. Unzucht treibende Frau (Prostituierte).

Denken? Über Ihn?: Den von Frank Thiess zusammengetrage- 25.19 nen Aussagen zufolge war das monologartige Dozieren, wie es Meister Antons Repliken charakterisiert, auch eine Eigenart des Schriftstellers selbst. Hebbel bedurfte »des Mitmenschen nur insoweit [...], als er ihm Stichworte für die produktive Gedankenschöpfung gab. [...] Daraus [aus einer Überlegenheit] entwickelte sich, und zwar je weniger die Antworten ihn förderten, ein Monologisieren oder auch ein Dialog mit sich selbst, in dessen Verlauf der Partner die Rolle des Zuhörers spielte« (Thiess, S. 5).

Und wenn auch [...] in die Liturgie.: Parodistische Darstellung 27.2–19 der vermeintlichen Frömmigkeit der Jugend, die in scharfem Kontrast steht mit Meister Antons an den Raum der Kirche gebundenen Ausübung der Religion. Die Schilderung der Kirche und ihrer Umgebung wurden maßgeblich durch Hebbels Geburtsstadt inspiriert: »Wesselburener Reminiszenzen sind ferner vor allem der die Kirche umgebende Kirchhof mit seinem ›Beinhaus‹ und der Birnbaum im Garten« (Krumm, *Dramen II*, S. 267 f.).

die sieben Bitten: In seinem *Kleinen Katechismus* (1529) unter- 27.15 teilt Martin Luther das Vaterunser in sieben Bitten und kommentiert sie, jeweils angefangen mit der Frage »Was ist das?« (*Der Kleine Katechismus*, S. 10 ff.)

Klingen dir schon die Ohren?: Scherzhafte Redensart, basie- 29.4 rend auf dem Glauben, dass eine Person spürt, wenn über sie geredet wird.

Mühlstein: Die bis ins Mittelalter gebräuchliche Hinrichtungs- 29.10 methode bestand darin, dem Verurteilten einen Mühlstein um den Hals zu legen oder an den Körper zu binden und ihn damit zu ertränken. Schon Jesus spricht im Matthäus-Evangelium: »Wer einen von diesen Kleinen [Kindern], die an mich glauben, zum Bösen verführt, für den wäre es besser, wenn er mit einem Mühlstein um den Hals im tiefen Meer versenkt würde« (Mt 18,6). Meister Antons Ausspruch bezieht sich in sarkastischer Weise auf die verlorene Mitgift.

29.32 **Jacob liebte die Rahel**: Vgl. 1. Mose 29,18 ff.

30.19 **Werwolf**: Im Volksglauben ein Mensch, der sich zeitweilig in einen Wolf verwandelt; hier: Wüterich, grimmiger Mensch.

30.24 **Stacheln**: Über seinen Vater notierte Hebbel im Herbst 1838: »Mein Vater haßte mich eigentlich, auch ich konnte ihn nicht lieben. [...] [Er haßte] die Freude; zu seinem Herzen war ihr durch Disteln und Dornen der Zugang versperrt« (T. 1323).

31.26 **Lehrgeld**: Geld, welches einem Handwerksmeister dafür bezahlt wurde, dass ein Lehrling bei ihm lernen durfte.

32.33–34 **so viel Kinder, [...] versprochen waren**: Anspielung auf die Verheißung Gottes an Abraham, ihm für die Bereitschaft, seinen einzigen Sohn zu opfern, unzählige Nachkommen zu schenken: »Weil du das getan hast und deinen einzigen Sohn mir nicht vorenthalten hast, will ich dir Segen schenken in Fülle und deine Nachkommen zahlreich machen wie die Sterne am Himmel und den Sand am Meeresstrand« (1. Mose 22,16 f.).

34.31 **wie König Saul**: Vgl. 1. Sam 9,2.

36.22–23 **L e u t e i m [...] b l a u e n A u f s c h l ä g e n**: Anspielung auf die Tracht der Gerichtsdiener. Da dieser Beruf lange Zeit, ähnlich wie Henker oder Abdecker, als unehrlich galt, vermied man möglichst den Kontakt mit ihnen.

37.10 *Fällt um und stirbt.*: Leonhards Tod und Klaras Suizid werden nicht gezeigt, lediglich die Mutter stirbt unvermittelt auf der Bühne. Dramaturgisch und psychologisch erscheint dies nicht überzeugend, auch wegen der Reaktionen der anderen Figuren in dieser Situation. Lütkehaus hingegen vertritt die Ansicht, dass ihr Tod als folgerichtige Reaktion auf die Verdächtigung ihres Sohnes zu werten sei, da sie erst »in der Beziehung zu Karl ein gewisses Maß an Eigenleben« gewonnen habe. Diese »extreme Reaktion zeigt, daß es hier statt zweier Eigenleben, von ihrer Seite her gesehen, nur eine Symbiose gibt. [...] Damit, daß sie aber *tatsächlich* fällt, fällt sie auch so etwas wie ein Urteil. Ihr jäher [...] Tod ist der schlüssige Ausdruck symbiotischer Fixierung und mangelnden Zutrauens [gegenüber ihrem Sohn]« (Lütkehaus, S. 56 f.).

Suchet, so werdet ihr finden!: Zitat aus der Bergpredigt (vgl. Mt 7,7 u. Lk 11,9). 38.21

Spießrutenlaufen: Urspr. eine Strafe beim Militär, hier: sich öffentl. Spott aussetzen müssen. Hebbels Ortsanweisung »eine mittlere Stadt« zielt auf ein nicht-anonymes Gemeinwesen ab, in dem solche Rituale der Erniedrigung eine große Wirkung besitzen können. 39.13

wilder Schierling: Heimische Giftpflanze, deren Genuss zu Atemwegslähmungen führen kann; diente in der Antike auch zur Vollstreckung von Todesurteilen (z. B. bei Sokrates). 40.11–12

vor Lichtanzünden: Für die Wartung der Straßenbeleuchtung, die in dt. Städten seit dem Mittelalter zunächst mit Öl, ab Mitte des 19. Jh.s mit Gas und erst seit Anfang des 20. Jh.s mit Strom betrieben wurde, waren Laternenwärter zuständig, die die Laternen jeweils in der Dämmerung anzündeten bzw. löschten. 41.29

in Nürnberg auf der Messe: Messen sind in den größeren Städten Deutschlands als Handelsplätze für Waren und Gewerbe aller Art seit dem Hochmittelalter bekannt. 42.16

seit acht Tagen: Hinweis auf die inzwischen verstrichene Zeit. Dies steht allerdings im Widerspruch dazu, dass der erste Akt an einem Sonntag spielt (vgl. I.2: »Zank am Sonntagmorgen«), der zweite und dritte jedoch an einem Donnerstag (vgl. III.7: »Heut ist Donnerstag«). 43.34–35

ein Mensch habe niemanden zu vertreten als sich selbst: Anspielung auf die Stellvertreterfunktion Jesu, der nach christl. Verständnis die Sünden der Welt auf sich genommen und durch seinen Tod gesühnt hat. 44.2–3

zu dem alten Holzhändler ins Gebirge: Die geografische Angabe verweist darauf, dass der fiktive Handlungsschauplatz des Stückes eher in Mittel- oder Süddeutschland als im Norden anzusiedeln ist. 45.25–26

deine kalte Hand: Anspielung auf die Kälte des Todes. 46.16

KAUFMANN WOLFRAM: Wolfram hat als Figur v. a. die Funktion, die Nachricht von Karls Unschuld zu überbringen und eine plausible Erklärung für den Diebstahl zu geben, den er 46.20

dem »Wahnsinn« seiner Frau zuschreibt. Dass er deren psychischen Zustand verheimlichen wollte (»jedem [Dienstboten] habe ich doppelten Lohn gegeben und zu allen Nachlässigkeiten die Augen zugedrückt, um mir ihr Stillschweigen zu erkaufen«), zeigt den sozialen Druck, dem er sich ausgesetzt sieht, eine Fassade des schönen Scheins aufrecht zu erhalten.

48.11 **Wachsstock**: Schnurförmige Wachskerze, die seit dem 17. Jh. bis zur Einführung der elektr. Beleuchtung häufig als Lichtquelle diente.

49.13–14 **Gevatter Fallmeister**: »Fallmeister« ist ein Synonym für Abdecker (jemand, der Tierkadaver beseitigt). Dieser Beruf war ebenso wie der des Gerichtsdieners lange Zeit gesellschaftl. verpönt. Dass Meister Anton die freundschaftlich-vertrauliche Anrede »Gevatter« (urspr.: Taufpate) wählt, ist also ironisch zu verstehen.

50.32 **Justinian**: Oström. Kaiser (527–565), der eine bedeutende Sammlung röm. Gesetzestexte, den *Corpus iuris civilis*, herausgab.

50.32 **Gajus**: Röm. Jurist (2. Jh.), der eine bis in die Neuzeit einflussreiche Darstellung des röm. Privatrechtes, die *Institutiones*, verfasste.

51.4 **den roten Hahn […] Korb voll Eier**: In Hebbels Jugend existierte in Schleswig-Holstein eine Fibel mit der Abbildung eines Eier legenden Hahns, die angeblich von dem Lübecker Buchdrucker Johann Ballhorn (1531–1597) verfasst wurde.

51.11–12 **wohlriechenden […] Kirsche und Rose**: Über die sinnliche, gelegentlich auch von Abscheu geprägte Wahrnehmung von bestimmten Wörtern berichtet Hebbel in seinem Tagebuch an mehreren Stellen: »Heute morgen aber empfand ich einmal recht lebhaft wieder, wie die Eigenschaftswörter, insofern sie etwas Schönes und Liebliches ausdrücken, wie Duft und Farbe in jenen Zeiten reinster Empfänglichkeit mich bezauberten. Tulpe, Rose« (T. 280, vgl. a. T. 223, 2546 u. 2813).

51.24 **Lex Julia**: Ironische Anspielung auf ein röm. Gesetz, das Verheirateten mit Kindern bestimmte Vorteile gewährte und Ehebruch unter Strafe stellte.

53.1–2 **Blindekuh**: Dieses Spiel, bei dem einer der Teilnehmer mit verbundenen Augen einen anderen fangen muss, war bereits im

Mittelalter sowohl in höfischen Kreisen als auch im Volk (und keineswegs nur bei Kindern) äußerst beliebt.

die Sache mit dem kleinen Buckel: Gemeint ist die Nichte des 58.19
Bürgermeisters (vgl. Leonhards Äußerung in I.4: »Die Zeit benutzt ich dazu, der kleinen bucklichten Nichte des Bürgermeisters [...] den Hof zu machen.«)

Geißel: Stab mit Lederriemen, der sowohl zum Antreiben des 60.18
Viehs als auch zur (rituellen) Züchtigung diente.

Ei, die lieben Blumen!: Hermann Krumm, Herausgeber einer 61.28
Hebbel-Werkausgabe, bestimmt – u. a. mit Verweis auf die Bild-
lichkeit der Blumen in Shakespeares *Hamlet* (vgl. dort IV. 5) – die
Notwendigkeit dieser kurzen Szene aus dem Kontrast zwischen
Klara und Leonhard: »Leonhards rohe Unbekümmertheit um
das Schicksal Klaras wird durch die Naivität, mit der er sie zur
Vertrauten seiner neuen Liebesaffäre macht, scharf gekennzeichnet. Vor allem aber erkennen seine Hörer, wie wenig Ahnung der
rastlos Intrigen spinnende Schurke von dem Verhängnis hat, das
in der nächsten Stunde schon ihn noch vor seinem Opfer dahin-
raffen wird. Es wird dadurch ein äußerst wirksamer Kontrast
geschaffen zwischen Klara, die das Leben in verzweifeltem Entschluß abstreift, und Leonhard, der gerade in diesem Augenblick
sich erst recht ans Leben klammert [...]« (Krumm, *Dramen II*,
S. 269).

die da bedeuten Reue und Scham: Der Volksglaube verbindet 62.2
mit jeder Blume eine bestimmte Bedeutung (vgl. Erl. zu 18,23–
24), die allerdings regional unterschiedlich sein kann.

Diese, die dunkelroten: Dunkelrote Blumen, v. a. Rosen, sym- 62.6
bolisieren (sexuelle) Leidenschaft.

Recht: Eine Verlobung konnte nach damaligem Recht nur in 62.18
beiderseitigem Einvernehmen gelöst werden. Dass Klara nicht
auf seinen Brief reagiert hat, begreift Leonhard folgerichtig als
stillschweigendes Einverständnis.

denn warum k ö n n t ich's tun: Zum Thema Selbstmord no- 64.2
tiert Hebbel im März 1841: »Gott gab dem Menschen die Fähigkeit, die Welt zu verlassen, weil er ihn nicht gegen die Erniedrigung der Welt schützen konnte. Hat der wahre Selbstmörder
also mit Gott zu tun, so kann er die Tat verantworten; hat er
nicht mit Gott zu tun, so wird er überall nicht zur Verantwortung gezogen« (T. 2310).

67.15–16 **Du sollst Gott fürchten und lieben!**: Zur Erläuterung des ersten
der Zehn Gebote, »Ich bin Jahwe, dein Gott [...]. Du sollst neben mir keine anderen Götter haben« (2. Mose 20,2), schreibt
Martin Luther 1529: »Wir sollen Gott über alle Dinge fürchten,
lieben und vertrauen« (*Der Kleine Katechismus*, S. 5). ›Fürchten‹
ist hier i. S. v. ›ehrfürchtig‹ bzw. ›demütig sein‹ zu verstehen (vgl.
Erl. zu 14,8).

67.20 **Totenglocke**: Auch ›Sterbeglocke‹ genannt. Bestimmte Kir-
chenglocke, deren Läuten den Tod eines Mitchristen verkündet;
oft auch nur bestimmtes Glockensignal bzw. Läutsequenz.

67.24 **ich lasse dir [...] letzten Atemzug Zeit**: Friedrich Sengle weist
darauf hin, dass Karls Zukunfts- und Reisepläne durch einen
Mordplan belastet werden, der nicht nur der persönlichen Ra-
che am Gerichtsdiener Adam für die zu Unrecht erlittene Haft
und die öffentliche Demütigung (vgl. Erl. zu 73,29–30), sondern
auch zur Wiederherstellung der Familienehre dienen soll. In diesem Sinne ist Karl ebenso wie sein Vater vom bürgerl. Ehrbegriff
bestimmt. Darüber hinaus betont Sengle, dass Karl »die im Bie-
dermeiertheater beliebte auflockernde Funktion eines Lumpazi
[hat] – er spricht nicht nur frech, er singt sogar« (Sengle, Bd. 3,
S. 385).

69.3 **im Wein sitzt der liebe Gott**: Spöttische Anspielung auf die symbol. Wandlung von Wein in das Blut Christi bei der Feier des
Abendmahls (Transsubstantiation).

69.32 **Dort bläht ein Schiff die Segel**: Anfangszeile aus Hebbels Gedicht »Der junge Schiffer«, das er am 17. 11. 1836 in München
verfasst hatte und das in dieser und der folgenden Szene in Gänze
von Karl vorgetragen wird.

70.1 **aufhören würde, Fische zu essen**: Offenbar aus der abergläu-
bischen Vorstellung heraus, ihrem Sohn könne sonst ein Unglück zustoßen.

73.29–30 **Fastnachtsochsen**: 1844 hatte Hebbel, wie er Elise Lensing am
26.2. in einem Brief berichtete, in Paris einen Fastnachtsochsen
gesehen. Der urspr. im Stück verzeichnete »Weihnachtsochse«
wurde auf den Wunsch des Autors vor dem Druck entsprechend
abgeändert. Evtl. handelt es sich auch um eine Anspielung auf
einen in Teilen Bayerns üblichen Volksbrauch, zu Fastnacht die
jungen Ochsen aus den Ställen zu lassen, damit sie gut ziehen

lernten. Das hier beschriebene Ritual der Erniedrigung ist, wie das von Meister Anton so genannte »Spießrutenlaufen« (vgl. Erl. zu 39,13), nur in einem nicht-anonymen Gemeinwesen denkbar, was wiederum auf den von Hebbel vorgegebenen Handlungsschauplatz (vgl. Erl. zu 12,13) verweist.

Ha, mir gehen die Augen auf!: Ausdruck plötzlicher Erkennt-   74.21
nis; vgl. die im Lukas-Evangelium geschilderte Begegnung der Jünger mit dem auferstandenen Jesus auf dem Weg nach Emmaus: »Da gingen ihnen die Augen auf, und sie erkannten ihn [...]« (Lk 24,31).

Ich verstehe die Welt nicht mehr!: Über die Figur des Meister   76.13
Anton notiert Hebbel: »[...] er darf nicht weiter kommen, als zu einer *Ahnung* seines Mißverhältnisses zur Welt, zum Nachdenken über sich selbst« (T. 2926). Sowohl der Suizid als auch der Kindsmord, die in Klaras Tod zusammenfallen (vgl. III.4), lenken als lit. Motive den Blick auf die gesellschaftl. Umstände und ihre Rechtsordnungen und Wertesysteme, die die Tötungen beeinflusst, bedingt oder sogar indirekt erzwungen haben. Auch andere Kindsmordtragödien enden mit dem Tod der Protagonistin (vgl. Daemmrich, S. 198 f. u. 281 ff.).

Vorwort: Nach Fertigstellung von *Maria Magdalena* verfasste   79.1
Hebbel ein Vorwort, das sich jedoch in weiten Teilen nicht auf das Stück selbst bezog, sondern die Form einer eigenständigen Abhandlung annahm. Auch in diesem Sinne lässt es sich als Postskriptum verstehen. In ihm beabsichtigte der Autor, seine dramatischen Texte theoretisch zu untermauern, offensichtlich in Reaktionen auf einige bissige Rezensionen zu den bis dato verfassten und aufgeführten Dramen. So schrieb Hebbel im Jahr 1852 in einer Selbstbiografie, dass das Vorwort »wichtig für meine ganze schriftstellerische Zukunft [wurde]. Bisher hatten meine Kritiker mich nämlich für so naiv gehalten, daß sie mir allenfalls zutrauten, ich als Vater könne meine eigenen Kinder nicht sehen; nun sie sich überzeugten, daß ich die Kunst, der ich das ganze Leben zu widmen gedachte, auch einigermaßen kannte, fanden sie mich plötzlich reflectirt« (Ehrismann, *Briefwechsel II*, S. 552).

Die konkrete Anregung, ein Vorwort zu schreiben, ging – so ist es zumindest Hebbels späterer Korrespondenz zu entnehmen –

von Felix Bamberg (1820–1893) aus: »[A]ls ich die Besorgniß gegen ihn aussprach, daß man mein kleines Familienbild für eine Ifflandsche Nachgeburt erklären werde« (Ehrismann, *Briefwechsel IV*, S. 593 f.), habe der Freund und Nachlassverwalter Bamberg ihn aufgefordert, einen erläuternden Prosatext zu schreiben. Hebbel wollte sich damit auch von den von August Wilhelm Iffland (1759–1814) und August von Kotzebue (1761–1819) verfassten so genannten Rührstücken, einer trivialisierten Form des bürgerlichen Theaters, distanzieren. Ihren Ausdruck fand die diesem Genre immanente Trivialisierung in einem übermäßigen Gefühlsappell an die Zuschauer sowie in einem häufig pathetisch wirkenden Verlauf und einem versöhnlich-positiven Ausgang der Handlung.

Gleichzeitig intendierte Hebbel, in seinem Vorwort einen Überblick zu geben über den »dramatischen Feldzug«, den er mit seinen Stücken beabsichtige. Aus einem Brief an den Verleger Julius Campe vom 2. 6. 1844: »Ich habe mir kein geringeres Ziel gesteckt, als den ganzen gegenwärtigen Welt-Zustand, wie er sich im Verlauf der Geschichte abwickelt [...], in einer Reihe von mit einander correspondirenden Lebens-Bildern darzustellen. [...] Ich werde die ganze Aufgabe in folgenden Stücken, die alle nur eine einzige Kette bilden, abzuthun suchen. Die Vergangenheit in Judith (Judenthum und Heidenthum) Genoveva (Christenthum) Maria Magdalena (Moral, Sittlichkeit, Ehre, Familie) Moloch (positive Religion) Christus (das Mysterium). Die Gegenwart in Fiat iustitia et pereat mundus; Genie und Welt; der Diamant. Die Zukunft in: Zu irgend einer Zeit. Dazwischen liegen nur noch einige Mittel-Glieder« (Ehrismann, *Briefwechsel I*, S. 612 f.).

Das Vorwort zu *Maria Magdalena* schien nahezulegen, so schrieb der Hebbel-Biograf Hayo Matthiesen, dass in der dort ausgeführten Dramentheorie »der Schlüssel für die Interpretation des dichterischen Werks zu suchen sei. Doch mehrere Generationen von Literaturwissenschaftlern irrten sich: Hebbels Theorie erschloß seine Dichtung nicht« (Matthiesen, S. 60). Da das Vorwort, das Hebbel am 18. 3. 1844 an Campe schickte, für das Verständnis des Stückes nicht von zentraler Bedeutung ist, wird es hier nur in Auszügen abgedruckt. Sie machen circa 30 %

des Gesamttextes aus. (Für weitere Erläuterungen zum Vorwort vgl. Lütkehaus, S. 89 ff. u. Pörnbacher, S. 53 ff.)

disjecti membra poetae: (lat.) »Glieder des zerstückelten Dich- 79.16
ters« (aus Horaz' *Satiren*), hier bildhaft für unvollkommene Dramentypen gebraucht.

Thespis: Attischer Tragödiendichter (~540 v. Chr.); der so ge- 81.15
nannte Thespiskarren wird häufig mit Wanderbühnen in Verbindung gebracht.

Bänkelsängerstab: Im Vorwort zu seinem *Trauerspiel in Tirol* 83.18
(1827) spricht sich Immermann dagegen aus, dass Dichter ihre Werke selbst deuten, indem er sie u. a. mit Bänkelsängern (die mit einem Stock Moritaten vorführten) vergleicht.

Ottilie der Wahlverwandtschaften: Ottilie ist eine der Hauptfi- 86.6
guren aus Goethes Roman *Die Wahlverwandtschaften* (1809).

Oedip: *Oidipus tyrannos*, Tragödie von Sophokles (496–406 v. 86.10
Chr.); dt. *König Ödipus*.

Suhrkamp BasisBibliothek
Text und Kommentar in einem Band

»Die Suhrkamp BasisBibliothek hat sich längst einen Namen gemacht. Als ›Arbeitstexte für Schule und Studium‹ präsentiert der Suhrkamp Verlag diese Zusammenarbeit mit dem Schulbuchverlag Cornelsen. Doch nicht nur prüfungsgepeinigte Proseminaristen treibt es in die Arme der vielschichtig angelegten Didaktik, mit der diese unprätentiösen Bändchen aufwarten. Auch Lehrer und Liebhaber vertrauen sich gerne den jeweiligen Kommentatoren an, zumal die Bände mit erschöpfenden Hintergrundinformationen, Zeittafeln, Entstehungsgeschichten, Rezeptionsgeschichten, Erklärungsmodellen, Interpretationsskizzen, Wort- und Sacherläuterungen und Literaturhinweisen gespickt sind.«
Frankfurter Allgemeine Zeitung

Ingeborg Bachmann. Malina. Kommentar: Monika Albrecht und Dirk Göttsche. SBB 56. 389 Seiten

Jurek Becker. Jakob der Lügner. Kommentar: Thomas Kraft. SBB 15. 351 Seiten

Thomas Bernhard. Amras. Kommentar: Bernhard Judex. SBB 70. 144 Seiten

Thomas Bernhard. Erzählungen. Kommentar: Hans Höller. SBB 23. 171 Seiten

Peter Bichsel. Geschichten. Kommentar: Rolf Jucker. SBB 64. 194 Seiten.

Bertolt Brecht. Der Aufstieg des Arturo Ui. Kommentar: Annabelle Köhler. SBB 55. 182 Seiten

NF 279/1/11.05

Max Frisch. Biedermann und die Brandstifter. Kommentar: Heribert Kuhn. SBB 24. 142 Seiten

Max Frisch. Homo faber. Kommentar: Walter Schmitz. SBB 3. 301 Seiten

Theodor Fontane. Effi Briest. Kommentar: Dieter Wöhrle. SBB 47. 414 Seiten

Johann Wolfgang Goethe. Götz von Berlichingen. Kommentar: Wilhelm Große. SBB 27. 243 Seiten

Johann Wolfgang Goethe. Die Leiden des jungen Werthers. Kommentar: Wilhelm Große. SBB 5. 222 Seiten

Grimms Märchen. Kommentar: Heinz Rölleke. SBB 6. 136 Seiten

Norbert Gstrein. Einer. Kommentar: Heribert Kuhn. SBB 61. 157 Seiten

Peter Handke. Wunschloses Unglück. Kommentar: Hans Höller. SBB 31. 131 Seiten

Friedrich Hebbel. Maria Magdalena. Kommentar: Florian Radvan. SBB 74. 150 Seiten

Christoph Hein. Der fremde Freund. Drachenblut. Kommentar: Michael Masanetz. SBB 69. 236 Seiten

Hermann Hesse. Demian. Kommentar: Heribert Kuhn. SBB 16. 233 Seiten

Franz Kafka. Das Urteil und andere Erzählungen. Kommentar: Peter Höfle. SBB 36. 188 Seiten

Franz Kafka. Die Verwandlung. Kommentar: Heribert Kuhn. SBB 13. 134 Seiten

Marie Luise Kaschnitz. Das dicke Kind und andere Erzählungen. Kommentar: Uwe Schweikert und Asta-Maria Bachmann. SBB 19. 249 Seiten

Gottfried Keller. Kleider machen Leute. Kommentar: Peter Villwock. SBB 68. 192 Seiten

Heinrich von Kleist. Penthesilea. Kommentar: Axel Schmitt. SBB 72. 180 Seiten.

Heinar Kipphardt. In der Sache J. Robert Oppenheimer. Kommentar: Ana Kugli. SBB 58. 220 Seiten

Gert Ledig. Vergeltung. Kommentar: Florian Radvan. SBB 51. 233 Seiten

Gotthold Ephraim Lessing. Emilia Galotti. Kommentar: Axel Schmitt. SBB 44. 171 Seiten

Gotthold Ephraim Lessing. Minna von Barnhelm. Kommentar: Maria Luisa Wandruszka. SBB 73. 172 Seiten

Gotthold Ephraim Lessing. Miß Sara Sampson. Kommentar: Axel Schmitt. SBB 52. 170 Seiten

Gotthold Ephraim Lessing. Nathan der Weise. Kommentar: Wilhelm Große. SBB 41. 238 Seiten

NF 279/6/11.05